W0236480

ClimatePartner °
klimaneutral
Verlag | ID 128-50040-1010-1082

Selbstverpflichtung zum nachhaltigen Publizieren

Nicht nur publizistisch, sondern auch als Unternehmen setzt sich der oekom verlag
konsequent für Nachhaltigkeit ein. Bei Ausstattung und Produktion der Publikationen
orientieren wir uns an höchsten ökologischen Kriterien. Inhalt und Umschlag dieses
Buches wurden auf 100 Prozent Recyclingpapier, zertifiziert mit dem FSC®-Siegel und
dem Blauen Engel (RAL-UZ 14), gedruckt. Alle durch diese Publikation verursachten
CO_2-Emissionen werden durch Investitionen in ein Gold-Standard-Projekt kompensiert.
Die Mehrkosten hierfür trägt der Verlag. Mehr Informationen finden Sie unter:
http://www.oekom.de/allgemeine-verlagsinformationen/nachhaltiger-verlag.html

Bibliografische Information der Deutschen Nationalbibliothek: Die Deutsche Nationalbibliothek verzeichnet diese Publikation in der Deutschen Nationalbibliografie; detaillier-
te bibliografische Daten sind im Internet über http://dnb.d-nb.de abrufbar.

© 2018, oekom verlag München
Gesellschaft für ökologische Kommunikation mbH, Waltherstraße 29, 80337 München

Gesamtgestaltung: www.buero-jorge-schmidt.de
Lektorat: Christoph Hirsch, oekom verlag
Korrektorat: Silvia Stammen
Satz: Ines Swoboda, oekom verlag

Druck: Friedrich Pustet GmbH & Co. KG, Regensburg

Alle Rechte vorbehalten
ISBN 978-3-96238-016-8

RECYCLED
Aus
Recyclingmaterial
FSC® C014889

DANIEL FUHRHOP

EINFACH ANDERS WOHNEN

66 Raumwunder
für ein entspanntes Zuhause, lebendige
Nachbarschaft und grüne Städte

Inhalt

Wohnung: **Platz schaffen** 11

Raumwunder 1 - 26

Entrümpeln und Nichtrümpeln, Kompaktmöbel, Tiny Houses …
Test »Sind Sie Rümpler oder Entrümpler?«

Haus: **Zusammenrücken** 49

Raumwunder 27 - 35

Wohnen für Hilfe, Wohnpartnerportal, Co-Living …

Viertel: **Nachbarschaft beleben** 63

Raumwunder 36 - 45

Mehrgenerationenhäuser, Haus im Viertel, Clusterwohnen …

Stadt: **Häuser neu nutzen** 81

Raumwunder 46 - 63

Warum steht Opas Haus leer?, Zurück in die Heimat,
Bürgerbeteiligung fürs Nichtbauen …

Einfach anders unterwegs 105

Raumwunder 64 - 66

Hotels mit und ohne Asyl, Urlaub im verstreuten
Hotel …

Service

Wenig Platz, alles drin: Dieses Tiny House bietet einen Wohnbereich auf acht Quadratmetern (unteres Bild), der unter dem Dach eine Schlafnische birgt. Dazu kommen (nicht im Bild) Bad, WC und eine kleine Küche.

Vorwort

Platz schaffen und Platz besser nutzen – bei beidem hilft Ihnen dieser Ratgeber. Es beginnt mit Entrümpeln, geht weiter mit Kompaktmöbeln und Tiny Houses und gelangt dann zu gemeinschaftlichem Wohnen und lebendiger Nachbarschaft. Die 66 Raumwunder reichen von der Schublade bis zum Stadtviertel und das Persönliche wird so zum Politischen: Platz sparen rettet Freiräume in den Städten und schont die Umwelt.

So haben Sie vermutlich schon als Kind gelernt, Energie zu sparen und nicht bei offenem Fenster zu heizen. Heute haben Sie vielleicht Ihr Haus saniert oder interessieren sich für ökologisches Bauen. Aber haben Sie schon mal darüber nachgedacht, mit weniger Fläche auszukommen? Räume, die man nicht hat, muss man nicht heizen! Am meisten Energie sparen Häuser, die gar nicht erst gebaut werden.

Das Beste aber: Auf weniger Raum leben macht glücklich. »Platz ist in der kleinsten Hütte«, während manches große Haus leer bleibt. Weniger Zimmer für sich allein bedeutet mehr Kontakt zu Menschen, mit denen Sie Räume teilen. In klassischen Familien und in Wahlverwandtschaften lässt sich heute einfach anders wohnen.

Wie weit Sie gehen, entscheiden Sie dabei ganz allein: Kümmern Sie sich um Ihre eigene Wohnung, tun Sie etwas für bessere Nachbarschaft oder beleben Sie gemeinsam mit anderen das Stadtviertel. Den Weg zu entspanntem Wohnen, lebendigen Straßen und grünen Städten zeigt Ihnen dieser Ratgeber. Anders wohnen kann Ihr Leben verändern, überlegen Sie also genau, welcher Tipp Ihnen hilft und welche Veränderung gerade jetzt zu Ihnen passt. Andere ergeben sich vielleicht später. Seien Sie neugierig und mutig und begeben Sie sich auf den Weg zu mehr Wohnglück.

Viel Spaß dabei wünscht Ihnen
Daniel Fuhrhop

»Von der oberen Stufe der Stehleiter aus lässt Jim den Strahl der Taschenlampe über den Dachboden gleiten. (...) Und wohin er auch blickt: längst vergessene Dinge – man könnte meinen, der einzige Daseinszweck für die Delpes sei es, so viel Krempel wie möglich anzuhäufen.«

Anthony McCarten,
»Ganz normale Helden«

31 Quadratmeter
pro Person
in Vier-Personen-Haushalten

45 Quadratmeter
beträgt die Wohnfläche im Schnitt
pro Person in Deutschland

68 Quadratmeter
pro Person
bei Alleinstehenden

48 Quadratmeter
pro Person
in Zwei-Personen-Haushalten

Allein

in sieben oder mehr Räumen
wohnen in Deutschland mehr als
600.000 Menschen

Ein Zehntel weniger

Fläche verbrauchen: wenn das jeder schafft,
werden vier Millionen Wohnungen frei,
Platz für zehn Millionen Menschen

ca. 2 Millionen

Wohnungen
stehen in Deutschland leer

Schlafkoje oben links,
Arbeitsplatz auf halber
Höhe – das Künstleratelier
im Kaufhaus De Bijenkorf

Wohnung:
Platz schaffen

Es fängt mit den Schubladen an: Eigentlich sind es nie genug, entsprechend vollgestopft sind sie häufig. Dabei ist es viel schöner, wenn sich Schubladen bequem herausziehen lassen und nichts überquillt. Doch wenn man deswegen einen neuen Schrank kauft, betrügt man sich im Grunde selbst. Nach dem Schrank kommt das neue Zimmer und schließlich die größere Wohnung. Aber die muss man pflegen, statt vier Fenster zehn putzen, und wer hat dazu schon Lust. Darum: Entrümpeln Sie Ihre Wohnung!

Mit den Möbeln geht es weiter: Tisch und Bett brauchen wir jeweils nur wenige Stunden am Tag – besser nutzen können wir den Raum mit wandelbaren und kompakten Möbeln. Selbst Wände lassen sich verschieben. Geschickt möbliert reicht wenig Platz für gutes Wohnen, etwa in Mikroapartments und kleinen Häusern, den »Tiny Houses«.

Nicht zuletzt hilft auf weniger Fläche wohnen auch der Umwelt. Selbst wenn es übertrieben klingt: Jede Schublade weniger macht unsere Städte grüner. Denn woraus besteht ein neues Baugebiet? Aus Häusern mit vielen Räumen, in denen viele Schränke mit noch mehr Schubladen stehen. Darum hilft Platzsparen, Freiflächen zu bewahren. Denken Sie also an Ihr Stadtviertel und entrümpeln Sie Ihre Schubladen.

»Ihr sollt euch nicht Schätze sammeln auf Erden, da sie die Motten und der Rost fressen und da die Diebe nachgraben und stehlen.«
MATTHÄUS 6, 19

11

Entrümpeln

Haben Sie schon mal Joggingschuhe gekauft, um endlich Sport zu treiben? Ein Fitnessgerät, um allein durch den Kauf fit zu werden? Einen Neoprenanzug, um auch im Dezember in der Ostsee schwimmen zu können? Und nun … machen Ihnen diese Dinge ein schlechtes Gewissen und Sie denken, »Ich müsste endlich …«. Schluss damit! Trennen Sie sich von ungenutzten Sachen und werden Sie dadurch zugleich Ihr schlechtes Gewissen los.

Wie Sie entrümpeln, zeigt der hervorragende Ratgeber »Magic Cleaning« von Marie Kondo. Einer ihrer wichtigsten Tipps lautet: Um zu entscheiden, was weg kann, sollten Sie nicht nur die Schränke öffnen, sondern alles ausräumen. Alles! Jedes Teil kommt auf den Fußboden, und dann räumen Sie nur zurück, was Sie behalten wollen. Und das wäre Marie Kondo zufolge nur, was glücklich macht. Doch vielleicht überlegen Sie außerdem, was Sie in den letzten zwölf Monaten benutzt haben oder wahrscheinlich in den nächsten zwölf Monaten benutzen werden. Alles andere: Weg damit! Verschenken, verkaufen oder tauschen Sie (siehe Serviceteil), damit helfen Sie zugleich anderen.

Manche räumen mit Zimmer und Haus auch ihre Seele auf, etwa nach den Leitlinien von Feng Shui. Ob auf fernöstliche Weise oder auf Ihre eigene Art, beim Entrümpeln werden Sie sich darüber klar, was Sie wollen, was Ihnen wichtig ist und was nicht. Weniger zu besitzen ist für manche Menschen eine Haltung: Minimalismus als Leitbild. Andere handeln aus der Not heraus, weil sie zu viel ansammeln und zu »Messies« wurden. Was auch immer Sie beim Entrümpeln antreibt, legen Sie los.

Aber wie fängt man an? Wenn Sie unsicher sind, was Sie wirklich brauchen, probieren Sie es aus: Räumen Sie Ihren gesamten Besitz aus und schließen Sie ihn drei Wochen weg. Nur Kleidung für diese Zeit und die Zahnbürste behalten Sie und erkennen so, wie wenig wirklich nötig ist. Oder Sie fahren rund um die Welt wie Katharina Finke, die lernte loszulassen (siehe Text, Seite 14). Vielleicht reicht Ihnen aber auch allein die Vorstellung, demnächst umzuziehen (Raumwunder 3).

> Das Schönste am Entrümpeln: Sie besitzen danach nur noch Sachen, die Sie mögen. Freuen Sie sich wirklich über alle Sachen, die Sie besitzen?

> Ihre Schwester zieht ständig Ihre Kleidung an. Was denken Sie?
> A Gut, dass die benutzt werden.
> B Wäre schön, wenn ich die Sachen wiedersähe.
> C Das geht gar nicht!

Raumgleiter und Robbe suchen auf dem Flohmarkt neue Besitzer.

Wenn es Ihnen trotz aller guten Vorsätze schwerfällt, zu entrümpeln, steckt dahinter vielleicht die Angst vor Verlust. Doch die können Sie überwinden.

Verlustaversion – die Angst vor Verlust

Was uns wirklich bewegt, ist nicht das Gewinnstreben, wie die herrschende Wirtschaftstheorie behauptet: Die Verlustangst wirkt stärker, fand der Psychologe Daniel Kahnemann heraus, ein Nobelpreisträger für Wirtschaft. Übertragen auf Entrümpeln hieße das, wir haben Angst, mit den Sachen etwas Wertvolles zu verlieren. Machen wir uns darum klar, was wir *ohne* Entrümpeln verlieren: Zeit. Zeit für Putzen, Zeit fürs Verstauen, Umräumen und für das Kümmern um zu viel Zeug. Wenn wir entrümpeln, retten wir die bedrohte Zeit für uns selbst, für unsere Familie und für Freunde.

Um die Verlustangst loszuwerden, hilft eine Geschichte aus Dale Carnegies Ratgeber »Sorge Dich nicht – lebe!«: Ein Ingenieur berichtet von seinen Sorgen, weil eine komplizierte Anlage nicht

> **Wann Kleidertausch gut ist:** Wenn Sie sagen können, »Wenn ich mir etwas Neues gekauft hätte, wäre es genau das gewesen.«

funktionierte. Für das Scheitern wäre er verantwortlich. Der Ingenieur konnte kaum noch schlafen und sein Magen schmerzte. Doch als er nicht weiterwusste, dachte er eines Tages darüber nach, was ihm im schlimmsten Fall passieren könnte.

Wenn das Projekt scheitert, würde ihn niemand ins Gefängnis stecken oder gar erschießen. Schlimmstenfalls verlöre er seinen Job, doch er könnte sich einen neuen suchen. Für seinen Arbeitgeber wäre das Scheitern zwar bedauerlich und würde viel Geld kosten, aber dann müssten sie sich eben eine neue Technik überlegen. Nach diesen Gedanken ging es dem Ingenieur besser und er fing an, befreiter zu arbeiten. Schließlich löste er das technische Problem und das Projekt verlor erheblich weniger Geld, als befürchtet.

Mit dieser Geschichte beschreibt Dale Carnegie eine Strategie, die Angst vor Verlust zu überwinden: Große Ängste, wie die um den Job, aber auch die Sorgen des Alltags. Das lässt sich auf Verlustangst beim Wohnen und Platzsparen übertragen, auf die Furcht vor dem Umzug, bis hin zur Angst, etwas zu entrümpeln. Überlegen Sie doch einmal, was schlimmstenfalls passiert, wenn Sie etwas aussortieren und es später bereuen – die meisten Dinge lassen sich wiederbeschaffen, ob Tupperware, Tischtücher oder Tassen. Bücher lassen sich wieder kaufen oder leihen. Nur die wenigsten Sachen sind unersetzlich, das Persönliche sind ohnehin meist die Erinnerungen – und die bleiben so oder so.

Fensterbank-Test: Können Sie Ihre Fenster ganz öffnen, und zwar alle? Gerümpel auf der Fensterbank sammelt Staub, verhindert gutes Lüften und bremst den Energiefluss.

Ihr Partner/Ihre Partnerin hat eine Porzellanfigur weggeworfen, die seit Jahrzehnten bei Ihnen herumsteht. Was nun?
A Erst weine ich – dann trenne ich mich von ihm/ihr.
B Ich freue mich: Endlich erledigt er/sie, was ich nie geschafft habe.

ERFAHRUNGSBERICHT
Einfach loslassen

Auf die Trennung vom Freund folgte die Trennung vom Besitz. Katharina Finke hatte sich von ihrem Partner in Hamburg getrennt und versuchte, in Portugal Abstand zu gewinnen, als sie eine überraschende Nachricht erhielt: Der Exfreund schrieb, er wolle aus der gemeinsamen Wohnung ziehen. Katharina Finke überlegte eine Weile und fasste einen mutigen Entschluss – sie verzichtete auf eine Wohnung und trennte sich von einem Großteil ihres Besitzes.

Als Journalistin war sie ohnehin viel unterwegs und es schien ihr nur ein kleiner Schritt, ganz auf ein Zuhause in Deutschland zu verzichten. Als sie allerdings eine Sache nach der anderen verschenkt oder verkauft hatte und ihre einstige Wohnung sich leerte, wurde ihr doch mulmig. Es schmerzte sie, all ihre Kuscheltiere in einen Müllsack zu stecken und zu spenden und dafür nur ein »Danke« zu bekommen.

Aber sie machte weiter, trennte sich von Klamotten und merkte dabei, dass sie einige davon noch nie getragen hatte. (Fast) alles wegzugeben betrachtete sie nicht als Verlust, sondern als Gewinn: »Loslassen« nannte Katharina Finke darum ihr Buch über die Erfahrungen, die sie damit machte. Frei von Ballast zog sie noch mehr als zuvor durch die Welt, um Reportagen zu schreiben, von den USA bis Australien, von Kanada bis Indien. Sie schreibt: »Weniger ist genug. Und wenn wir weniger besitzen und kaufen, brauchen wir weniger Geld, wir müssen weniger arbeiten und haben mehr Zeit. Mehr Zeit für uns und das Wesentliche: Wir können sie mit anderen Menschen teilen und Erfahrungen sammeln.«

Nicht rümpeln!

*Nicht*rümpeln ist mindestens so wichtig wie *Ent*rümpeln. Gewarnt seien Entrümplungswillige vor Büchern, die über kreative Wohnideen informieren, denn damit landen Sie sehr oft beim Gegenteil, nämlich bei Ideen für neuen Kram. Teilweise findet man in Büchern exakt die gegensätzlichen Tipps:

- Schlagen Sie etwa ein beliebtes Buch über Wohnideen auf, schlägt die Autorin vor, den Platz hinter den Türen zu nutzen, um dort Sachen aufzuhängen. Sie empfiehlt dazu Haken oder Regale, die man platzsparend hinter die Tür hängen kann, die aber faktisch alles vollrümpeln. Dagegen sagt Karen Kingston in ihrem Buch »Feng Shui gegen das Gerümpel des Alltags«, eine Tür müsse sich weit öffnen lassen, damit die Energie fließt, darum solle man nichts hinter Türen stopfen.

Das Entrümpeln des Einen ist das Rümpeln des Anderen.

Wären das bei Ihnen aussortierte Dinge, oder der Beginn neuen Rümpelns?

Wählen Sie zehn Bücher aus, die Sie auf jeden Fall behalten möchten, und legen Sie sie auf einen Stapel. Jetzt blicken Sie ins Regal: Brauchen Sie die Bücher darin wirklich?

● Wohin mit ausrangierten Sachen? Auf dem Flohmarkt *verkaufen*, empfehlen viele Ratgeber. In Büchern zu Wohnideen wird daraus schnell das Gegenteil: Da soll man auf Flohmärkte gehen, um alte Sachen zu *kaufen*!

Gewiss mag es gut sein, manches gebraucht zu besorgen. Aber es ist wie beim wöchentlichen Einkauf: Gehen Sie nicht einfach los, schreiben Sie vorher eine Liste mit Dingen, die Sie brauchen. Sonst wird das Entrümpeln der Einen zum Rümpeln der Anderen.

Viele Bücher mit Wohnideen sind Rümpelbücher. Rümpeln Sie nicht, sonst hört das Entrümpeln nie auf. Um zu erkennen, wie gefährdet Sie sind, machen Sie den Rümpler-oder-Entrümpler-Test.

Rümpler oder Entrümpler?

Beschränken Sie sich auf das Wesentliche oder neigen Sie zum Überflüssigen? Finden Sie es heraus! Es geht nicht allein um den Unterschied zwischen »Wegwerfern« und »Behaltern«, zwischen »Jägern« und »Sammlern«: Ohne Sammler wäre die Menschheit ausgestorben, weil nie jemand Vorräte für den Winter angelegt hätte. Aber Rümpler behalten nicht das, was sie brauchen, sondern horten das, was man irgendwann mal brauchen *könnte*. Wie viel Rümpler steckt in Ihnen?

A Sie sehen auf dem Flohmarkt eine schöne Kommode mit abgeblättertem Lack. Was tun Sie?

1 Ich rufe meinen Partner/meine Partnerin an und wir entscheiden gemeinsam.
2 Toll, alte Möbel! Die nehme ich mit und lackiere sie zu Hause neu.
3 Ich gehe nicht auf Flohmärkte.

B In Ihrer Kindheit träumten Sie von einem Schaukelpferd. Jetzt entdecken Sie genau dieses in einem Laden.

1 Mein Traum wird wahr. Das Schaukelpferd kommt mit.
2 Mir reicht die Erinnerung an die Träume von früher.
3 Das Schaukelpferd muss mit, aber nicht für mich, sondern für meine Nichte.

C Sie möchten ein großes Handtuch kaufen, und ausgerechnet heute gibt es ein Sonderangebot: drei Stück zum Preis von zweien.

1 Als alter Sparfuchs greife ich zu.
2 Erst mal meinen Partner/meine Partnerin anrufen.
3 Ein Handtuch kaufe ich, dabei bleibt es.

Ordnung im Kinderzimmer: Erst sortieren, dann verkaufen oder verschenken.

D Eine Freundin bittet Sie, beim Ausmisten zu helfen. Wie reagieren Sie?

1 Prima, da findet sich bestimmt etwas für mich.
2 Wegwerfen macht mich traurig, ich erfinde eine Ausrede.
3 Weil mich wenig mit ihren Dingen verbindet, kann ich meiner Freundin gut helfen.

E Sie entdecken in einem Laden ein »Platzsparmöbel«, einen besonderen Schrank, in dem sich viel unterbringen lässt.

1 Das kaufe ich, um endlich Platz zu sparen.
2 Wenn ich es kaufe, fliegt gleichzeitig ein alter Schrank raus.
3 Darauf falle ich nicht rein: Auch ein »Platzsparmöbel« braucht Platz.

AUSWERTUNG

Null Punkte für A2, B1, C1, D1, E1; ein Punkt für A1, B3, C2, D2, E2; zwei Punkte für A3, B2, C3, D3, E3.

10 Punkte: Entrümpelprofi

Ein Wunder, dass Sie dieses Buch in der Hand haben, denn Sie kaufen fast nichts. Oder schauen Sie in ein geliehenes Buch? Aber Achtung: Sie werden nicht zum Messie, wenn mehr als drei Dinge im Kühlschrank stehen; ein kleiner Vorrat macht Sinn.

7 – 9 Punkte: Gründlicher Entrümpler

Sie misten regelmäßig aus, nur hin und wieder kaufen Sie etwas Unnötiges. Seien Sie beruhigt: Solange Sie mehr weggeben als Sie

Neues holen, sind Sie auf dem richtigen Weg. Gehen Sie so radikal vor, wie Marie Kondo es vorschlägt: Alles aus den Schränken holen und auf einen Haufen legen. Alles? Alles!

4 – 6 Punkte: Langsamer Entrümpler

Es fällt Ihnen schwer, sich von Sachen zu trennen. Trauen Sie sich mehr zu, denn Sie wissen, was Sie wollen! Gehen Sie Schublade für Schublade vor, Raum für Raum. Markieren Sie, was Sie benutzt haben, und schauen Sie nach einem Monat, was liegenbleibt. Im Kleiderschrank hängen Sie die Bügel in die gleiche Richtung, nachdem Sie etwas getragen haben. Bald sehen Sie, was Sie nie anziehen.

Tipps für ein minimalistisches und nachhaltiges Leben gibt Christof Herrmann im Blog www.einfachbewusst.de.

1 – 3 Punkte: Zaghafter Entrümpler

Sie haben sich schon mal von Überflüssigem getrennt, aber wann war das zuletzt? Geben Sie sich einen Ruck und beginnen Sie mit etwas Einfachem: den Medikamenten. Abgelaufene Arzneimittel – (vorschriftsmäßig) entsorgen. Was nicht geholfen hat – entsorgen. Medizin für überstandene Krankheiten – entsorgen. Entrümpeln ist Ihre wahre Medizin.

0 Punkte: Rümpler

Ein Wunder, dass Sie dieses Buch in der Hand haben, denn Platzsparen liegt Ihnen fern – in Ihrer Wohnung stapelt sich bereits jetzt sehr viel. Eine Hoffnung gibt es: Sie lesen trotzdem dieses Buch, also ist Ihnen Ihr Problem bewusst. Darum blättern Sie zurück zu Raumwunder 1 und fangen Sie an, zu entrümpeln.

Der erfundene Umzug

3. RAUMWUNDER

Wie viel sich angesammelt hat, merkt man häufig erst beim Umzug, wenn sich eine Kiste nach der anderen füllt und man denkt: »Hätte ich doch vorher gründlicher ausgemistet!« Warten Sie nicht so lange, planen Sie einen erfundenen Umzug, genauso wie einen echten:

- Setzen Sie sich einen Termin.
- Klären Sie, wie viel beim Umzug mit müsste. Sie finden Umzugsgutlisten (und Umzugsrechner) online bei Umzugsfirmen, notieren Sie darin Ihren gesamten Besitz und schätzen Sie das

	confern Möbeltransportbetriebe GmbH		**Hinweis:**		Beladeort:	Entladeort:
			Abtrageweg in Meter		0 m	0 m
Vor- / Nachname:			Etagen/Stockwerke			
Umzug von:			Fahrstuhl vorhanden		☐	☐
Strasse:			Enges Treppenhaus		☐	☐
Umzug nach:			Außenaufzug einsetzbar		☐	☐
Strasse:			Halteverbotszone notwendig		☐	☐
Umzugstermin						

Umzugsgutliste

Stück	Gegenstand	Montagen/Bemerk.	Stück	Gegenstand	Montagen/Bemerk.
	WOHNZIMMER			**ESSZIMMER**	
	Sofa, Couch, Liege je Sitz			Stuhl	
	Sessel, mit Armlehnen			Stuhl, mit Armlehnen	
	Sessel, ohne Armlehnen			Eckbank, je Sitz	
	Stuhl			Tisch, klein	
	Stuhl, mit Armlehnen			Tisch, mittel	
	Tisch, klein			Tisch, groß	
	Tisch, mittel			Vitrine (Glasschrank)	
	Tisch, groß			Sideboard	
	Anbauwand, je angef. Meter Breite			Teppich	
	Bücherregal, je angef. Meter Breite			Brücke	
	Buffet, mit Aufsatz			Deckenlampe	

Erfassen Sie Ihren Besitz mit Umzugsgutlisten, wie hier vom Confern-Verbund von 60 Unternehmen.

Volumen: 0,1 Kubikmeter pro Autoreifen, 0,5 Kubikmeter für einen Wickeltisch, 2 Kubikmeter für ein Doppelbett, …

- Rechnen Sie aus, wie viele Umzugskisten es werden! Wie viele Kisten Bücher haben Sie, wie viele CDs oder Schallplatten?
- Nutzen Sie die Gelegenheit und trennen Sie sich von Überflüssigem.
- Zusatztipp: Fotografieren Sie all Ihren Besitz (die Fotos vom Hausrat dienen auch als Beweis für die Versicherung nach einem Einbruch) – und drucken Sie Fotos von lieb gewonnenen Dingen aus. Wie Wissenschaftler herausgefunden haben, fällt es dann leichter, sich davon zu trennen.

Trennen Sie sich von Büchern, dann können diese auch anderen Lesern Freude bereiten.

Weniger besitzen - weniger putzen

Wer weniger hat, muss weniger putzen und kann dadurch putzen sogar lieben lernen. Das schreibt die Philosophin Nicole Karafyllis in ihrem Buch »Putzen als Passion«: Putzen bedeute, Dinge zu ordnen, sie von allen Seiten zu betrachten und dadurch Klarheit zu gewinnen. Darum solle man bewusst putzen und mit Freude.

Wenn es aber fünf Stunden dauert, alles sauber zu bekommen, kann man das nur schwer genießen. Erst durch Entrümpeln wird aus der Pflicht des Putzens ein Vergnügen – und man lädt wieder öfter Freunde ein, weil die Wohnung aufgeräumt und sauber ist, wie Nicole Karafyllis schreibt.

> **Mit »Putzen aus Passion« von Nicole Karafyllis lernen Sie putzen lieben!**

Kinderglück ohne Umzug

Das Glück von Kindern hängt nicht von Quadratmetern ab. Der Kinder wegen sei man umgezogen, sagen manche, damit die mehr Platz bekommen, ein eigenes Zimmer, einen größeren Garten. Doch viel wichtiger als mehr Platz sind für Kinder Nähe, Geborgenheit und Freunde. Darum sollte man sie nicht unnötig aus der vertrauten Umgebung reißen und ihnen nicht die Nachbarskinder wegnehmen. Bei Kindern bestimmt ihre Phantasie, wie viel Platz reicht (Raumwunder 8).

Natürlich sollten Kinder genug Platz in der Wohnung bekommen, schließlich verbringen sie dort oft mehr Zeit als die Eltern; darum sollte ein Kinderzimmer größer sein als das Schlafzimmer. Wenn es doch einmal eng wird, etwa weil ein zweites Kind dazukommt, kann man sich anders helfen: Nutzen Sie kompakte Möbel (ab Raumwunder 11), teilen Sie Räume mit Schränken und Regalen.

Entrümpeln Sie gemeinsam mit den Kindern, damit diese lernen, dass Freiräume glücklich machen. Und ziehen Sie nicht in eine Wohnung, die so viel Platz verschwendet, dass für Kinder wenig bleibt (nächstes Raumwunder).

Keinen Platz verschwenden

In vielen Einfamilienhäusern reicht eine Wohnlandschaft im Erdgeschoss von der Wohnküche bis zur Terrasse, und dieser Raum
allein umfasst oft an die siebzig Quadratmeter – die gleiche Fläche genügte dem Architekten Bruno Taut Ende der 1920er-Jahre
für eine Dreizimmerwohnung samt Diele und Bad! Viele Wohn-
siedlungen der klassischen Moderne (Anfang des 20. Jahrhun-
derts) gehen sparsam mit Platz um, genauso wie viele Wohnungen der Nachkriegsmoderne in den 1950/60er-Jahren. In kleinen
Räumen wohnen Sie entspannt auf weniger Quadratmetern.
Nehmen Sie darum Abschied vom verschwenderischen Raumideal.

Oben die verschwenderische
Wohnlandschaft, unten
auf gleicher Fläche eine
Dreizimmerwohnung.

DAS SCHÖNE BEISPIEL
Wohnen auf acht Quadratmetern

Nur neun Quadratmeter misst das Apartment von Grayson
Altenberg in New York. Dort schafft es der angehende Koch,
auf zwei Kochplatten dem Fernsehteam des Galileo-Magazins
ein feines Essen zuzubereiten; immerhin können die
Redakteure zwischen Löffeln und Stäbchen wählen. Genug
Platz also in Graysons Küche, und sein Wohnzimmer ist der
Central Park.

Ebenfalls in Manhattan und ebenfalls auf neun Quadratmetern lebte Felice Cohen: Ihr Video davon wurde über 17 Millionen Mal angeklickt (»Simple life Manhattan: a 90-square-
foot microstudio« auf Youtube). Darin stapelt sie geschickt
Kisten, baut ein Hochbett knapp unter die Decke und hat sogar
Platz für Yoga. Platzspartipps gibt sie im Ratgeber »90 lessons
for living large in 90 square feet (... or more)«.

Während Felice Cohen normale Möbel nutzte, verwandelten die Architekten Kitoko aus Paris ein Acht-Quadratmeter-
Apartment mit einer »Zauberwand«. »Schrankwand« wäre eine
Untertreibung für ein Möbelstück, bei dem sich Folgendes
herausziehen lässt: kleine Fächer, eine Kleiderstange, ein Tisch
samt Stühlen und ein Buchregal, das gleichzeitig als Treppe
zur Schlafnische dient.

Anregungen für
kleine Apartments
gibt Felice Cohen
auf Youtube und
im Ratgeber
»90 lessons for
living large in
90 square feet«.

Der Blick geht über den Spiegel durch die Fenster ins Freie, so vergrößert sich der Raum optisch.

Kleines größer wirken lassen

Eine Spiegelwand verdoppelt einen Raum optisch. Größer wirkt er auch, wenn ein Spiegel gegenüber von einem Fenster hängt. Und zwei Spiegel gegenüber spiegeln ins Unendliche.

Beobachten Sie, wie das Licht in einen Raum fällt und wie es sich im Laufe des Tages und des Jahres verändert, rät das Buch »Kleine Räume, viele Möglichkeiten«. Die Fenster sollten frei bleiben und Sonnenlicht hereinlassen, die Möbel das Licht nicht blockieren.

Hohe Decken in kleinen Räumen wirken tiefer, wenn man sie dunkel streicht. Die dunkle Farbe über die Kanten streichen und von der Wand oben noch zehn Zentimeter abdunkeln, zieht die Decke optisch nach unten und bewirkt, dass der Raum niedriger erscheint. Umgekehrt wirkt ein Raum höher durch eine helle Decke, an die sich leicht getönte Wände anschließen. Streichen Sie den Farbton über die Kante und färben die Decke am Rand noch zehn Zentimeter ein, werden die Wände optisch verlängert und die Decke *wirkt* höher.

Räume größer wirken lassen durch Spiegel, Licht und Farbe.

Wohnen auf fünf Ebenen mit Pool auf dem Dach, aber trotzdem platzsparend: das Spielhaus.

8. Wahre Größe beginnt im Kopf

RAUMWUNDER

Für Kinder wird eine Hütte zum Palast, ein Baumhaus zur Burg und ein Spielplatz zur Welt. Fantasie half auch Felice Cohen in ihrer Acht-Quadratmeter-Wohnung in New York (siehe »Das schöne Beispiel«, Seite 22), indem sie sich hin und wieder vorstellte, es gebe einen versteckten zweiten Raum.

Wenig Platz gut nutzen perfektionierte Joseph (Joe) Pilates: 1912 wanderte er von Deutschland nach England aus, musste aber als Deutscher während des Ersten Weltkriegs in ein Lager. Dort hatten die Gefangenen wenig Platz, weshalb Pilates das nach ihm benannte Training weiterentwickelte. Schon als Kind hatte er sich mit dem Aufbau der Muskeln beschäftigt und mit Yoga. Später arbeitete er als Lehrer für Selbstverteidigung und boxte gelegentlich. Im Lager schließlich konnte er kaum Sport treiben, doch er verfeinerte seine Trainingsideen für kleine Flächen und testete sie mit seinen Mitgefangenen.

Für das Pilates-Training braucht man auch heute nur wenig Platz, eine Yogamatte reicht, ob im Gefängnis oder zu Hause. Wie sich gut wohnen lässt, wenn die Fitness nachlässt, davon handeln die nächsten beiden Raumwunder.

Sich beraten lassen

Falls Sie bei »Wohnberatung« an eine Beratung für Ältere denken oder für Menschen mit Behinderung, liegen Sie richtig – zumindest ist das heute so. Gemeinnützige und städtische Stellen geben Rat, wie weniger mobile Menschen in ihrer Wohnung zurechtkommen: Da geht es um den Treppenlift, den zweiten Handlauf, das barrierefreie Bad; um den Abbau von Hürden (Raumwunder 10) oder darum, wie sich der vorhandene Platz in der Wohnung für Helfer nutzen lässt (Raumwunder 31). Es geht darum, *viel* Platz gut zu nutzen.

In der Nachkriegszeit stand »Wohnberatung« noch für etwas anderes, nämlich wie man aus *wenig* Platz viel machen kann: Um die kleinen Wohnungen der Fünfziger- und Sechzigerjahre zu möblieren, eigneten sich keine mächtigen Schrankwände. Die Platzfrage wurde zur Stilfrage, beiden widmete sich der Deutsche Werkbund, eine Vereinigung von Designern, Künstlern und Architekten. Der Werkbund gründete Wohnberatungsstellen mit aufklärerischem und manchmal missionarischem Eifer, wie es die Ausstellung »gern modern? Wohnkonzepte für Berlin nach 1945« im Berliner Museum der Dinge schilderte.

Bis in die 1970er-Jahre hinein gab es diese »Wohnberatung für alle«, doch der gestiegene Raumwohlstand machte sie überflüssig. Als Wohnberater bezeichnen sich seitdem manche Raumgestalter, die den Überfluss organisieren und die Platzverschwendung perfektionieren – schlimmstenfalls wird das zur Rümpelberatung.

> **Hier finden Sie Wohnberatung für Ältere oder für Menschen mit Behinderung: www.wohnungsanpassung-bag.de (Unterpunkt Beratungsangebote).**

Der Modellbaukasten der Berliner Wohnberatungsstelle aus den 1960er-Jahren hilft, geschickt zu möblieren.

Heute bräuchten Großstädter eine *neue* Wohnberatung, die Wohnen auf wenig Platz lehrt und eine Besinnung auf das Wesentliche. Solange es das nicht gibt, fragen Sie Architekten, Innenarchitekten und Raumgestalter; aber achten Sie darauf, dass es keine Rümpler sind.

10. RAUMWUNDER

Hürden abbauen

Manche Wohnungen »schrumpfen«: Die Bewohnerinnen oder Bewohner nutzen nicht mehr alle Zimmer aus Angst, zu stolpern. Machen Sie für wenig bewegliche Menschen die ganze Wohnung nutzbar und beseitigen Sie Stolperfallen mit diesen zehn Tipps:

1. Gerümpel entfernen.
2. Teppiche nicht übereinanderlegen.
3. Besser: Teppiche durch Gittermatten festmachen oder auf dem Boden festkleben.
4. Am besten: Gar keine einzelnen Teppiche hinlegen, höchstens im ganzen Raum Teppich verlegen und die Kanten fest montieren.
5. Treppen nicht vollrümpeln, weder mit Vasen noch mit Kunst.
6. Besser: Treppenstufen rutschfest machen, etwa durch Gummistreifen; erste und letzte Stufe farbig markieren.
7. Am besten: ohne Treppen auf einer Ebene wohnen, dafür ins Erdgeschoss ziehen und die obere Etage vermieten.
8. Nachtlichter und Bewegungsmelder anbringen. Treppe gut beleuchten; Lichtschalter davor und danach platzieren. Aber auch dabei gilt: Nicht die Wohnung mit Lampen vollrümpeln.
9. Kabel sollten nicht quer durch Räume führen, nur an der Wand entlang. Dabei helfen zusätzliche Steckdosen oder gleich schnurlose Geräte.
10. Nicht jede Wohnung muss barrierefrei nach Norm werden, denn oft reichen mehr Griffe und Handläufe in Bad und Flur.

Weitere Tipps zum Wohnen von Senioren folgen im nächsten Abschnitt (Raumwunder 29, 31, 32, 34 und 37), vorher geht es um platzsparende Möbel für jeden.

Mehr Informationen finden Sie beim Deutschen Kuratorium für Sicherheit in Heim und Freizeit: http://das-sichere-haus.de.

Alles über-
einander im
Küchenschrank
von Bulthaup:
Gläser und
Bretter, Öl,
Brot und Wein.

Kompaktmöbel

Platzsparende Möbel fliegen hoch (Raumwunder 13), nutzen den Platz unter der Treppe (Raumwunder 14), haben verschiedene Funktionen (Raumwunder 12) oder sind einfach nur geschickt gebaut. »500-mal kompakt« zeigt das Jennifer Hudson in ihrem gleichnamigen Buch: Da braucht zum Beispiel das Kompaktbad »Vertebrae« nur eine Fläche von 100 x 40 Zentimetern (Designer Paul Hernon, Firma Design Odyssey). Darin stapeln sich aus-schwenkbare Duschen für große und kleine Leute, ein Waschbe-cken und die Toilette.

Übereinander hängt auch vieles im Werkschrank der kompak-ten Küche b2 des Herstellers Bulthaup: Geschirr und Besteck, Siebe und Küchenrollen. Ein Kühlschrank mit fünfzig Litern Inhalt steckt in der »Minikitchen« der Firma Boffi, einer Box von je einem Meter Höhe und Breite und 65 Zentimetern Tiefe; sie enthält Schubladen und eine ausziehbare Arbeitsplatte.

Nur fünfzig Zentimeter Breite misst ein zusammenfaltbares Büro und versteckt darin Stuhl, Schreibtisch und Regale. Entworfen haben es die japanischen Designer Atelier OPA, eben-so wie ein zusammenfaltbares Gästezimmer: Darin sind Schlaf-sofa und Arbeitstisch auf vierzig Zentimetern Breite verstaut (1,20 Meter tief, 2 Meter hoch).

Platz sparen allerdings selbst diese Möbel nur, wenn wir sie tatsächlich brauchen.

11.
RAUMWUNDER

**Ideen für Kompakt-
möbel finden Sie in
Jennifer Hudsons
Buch »500-mal
kompakt«.**

Das faltbare Gästezimmer von Atelier OPA (links oben) dient als Bett, Sofa und Arbeitsplatz. Nehmen Sie beim Fusiontable (links unten) von Aramith die Tischplatte ab, dann können Sie Billard spielen. Das Bett von Espace Loggia (rechts) kann hochgefahren werden.

Ein Tisch klappt aus (oben), ein Bett fährt hoch (unten) und schafft Platz für eine Sitzgruppe oder, wie hier zu sehen, einen Arbeitsplatz – diese Möbel der französischen Firma Espace Loggia sind auch in der Schweiz lieferbar.

Multifunktionsmöbel

Die Tische der belgischen Firma Fusiontables braucht man für zwei sehr verschiedene Zwecke: Essen und Billardspielen. Eigentlich stellt die Mutterfirma Saluc nämlich Billardkugeln her, doch seit 2008 produzieren sie einen multifunktionalen Billardtisch, der sich mit Holzplatten zum Esstisch wandeln lässt.

Andere Verwandlungen sind schlichter: Tische aus Birkenholz werden umgekippt zum Sitzmöbel (Architekten Graeme Massie, Hersteller Outgang Ltd). Ein Sofa wird auf den eigenen Rahmen gestellt und dadurch zum Etagenbett (Designer Lorenzo Damiani, Firma Campeggi srl).

Ein Bett desselben Herstellers birgt einen »möblierten Raum«, denn unter dem Bettkasten stecken ein Tisch, Sessel und Stühle (OnOff Suite, Designer Giulio Manzoni). Eine andere Variante versteckt unter dem Bett ein Fitnesscenter mit drei Geräten. Beim Trainieren kann man sich zusehen: Unter der Liegefläche des Bettes befindet sich ein Spiegel.

Flugmöbel

Der Luftraum Ihrer Wohnung dient für mehr als nur zum Atmen: Bringen Sie dort Ihr Fahrrad unter. Montieren Sie einen Flaschenzug oder nehmen Sie einen Fahrrad-Aufhänger aus Birkenholz (Avocadostore).

Auch Ihr Bett kann in die Luft steigen: Hochfahrbare Betten bieten der französische Hersteller Espace Loggia und die fränkische Firma FAB-Concept mit dem Liftbed – aber Achtung, bevor Sie das Bett nach oben fahren, schauen Sie nach, ob noch jemand drinliegt.

14. RAUMWUNDER Treppenmöbel

Auf der Treppe sollte nichts herumstehen (Raumwunder 10), doch unter der Treppe ist Platz. Den nutzt der Hamburger Architekt Gerd Streng auf vielfältige Weise: Für Schubladen und Schränke, für eine Sitzlandschaft, und einmal sogar für eine Küche, bei der ein Teil der Arbeitsfläche als Treppenpodest dient. Es sollte nur keiner dort entlanggehen, wenn jemand Möhren schnippelt. Dann muss man springen oder fliegen, aber auch das können manche Möbel.

15. RAUMWUNDER Einbauten

Feste Hochbetten sind nicht nur Möbel, sondern Einbauten oder sogar »Raumwunder«, so der Titel eines Buches aus dem Gestalten Verlag mit »großen Ideen für kleine Wohnungen«. Zu den noch recht gewöhnlichen Ideen zählen Betten *unter der Decke*; manche werden zum Haus im Haus.

Die Treppe führt von rechts unten über die Arbeitsfläche der Küche bis ins Obergeschoss.

Die Wände im »All I own house« lassen sich samt Bett verschieben, Küche (rechts) und Bad bleiben.

Im Dachgeschoss des Kaufhauses De Bijenkorf in Amsterdam entstand a*n der Wand* eine Wohnlandschaft aus Holz (Bild Seite 10). Der Raum dient als Künstleratelier: Über Leitern und Treppen gelangen die Künstler von der Schlafnische zum Arbeitsplatz bis nach oben zum Bad; diese »Wandarchitektur« stammt vom Architekturbüro i29 interior architects.

Andere Architekten trennten *mit einem zweiten Boden* etwas vom Raum ab: Beim Rumänen Bogdan Ciocodeica bilden Stauboxen einen Holzboden. »Stauboden« und »Spielzeugkiste« nennt das Raumwunder-Buch einen doppelten Boden in einem Haus in Melbourne, entworfen von Austin Maynard Architects. In 45 Zentimeter hohen Holzboxen kann man Sachen verstauen oder sich zwischen ihnen auf Sofas setzen. Und Kindern bietet die Konstruktion Raum zum Drüber- oder Hineinklettern.

Drei Zwischenwände bewegen sich im »All I Own House« in Madrid, entworfen von PKMN Architekten: In einem großen rechteckigen Raum gehören die beiden festen Schmalseiten zu Bad und Küche. Dazwischen lassen sich drei Schrankwände auf Rollen hin- und herschieben und dadurch wachsen oder schrumpfen je nach Bedarf vier Zwischenräume – Bad, Schlafzimmer mit aufklappbarem Bett, Arbeitsraum und Küche.

Große Ideen für kleine Wohnungen bietet das Buch »Raumwunder« aus dem Gestalten Verlag.

Raumwunder des Architekten Gerd Streng: Die Fotos von Uwe Scholz zeigen schmale Treppen (rechts oben), eine Küchenzeile, die in eine Sitzbank übergeht (rechts unten), und die Box im Kinderzimmer mit Abstellraum innen, Regalen außen und Bett oben.

16. Mikroapartments

Wie wenig Platz zum Wohnen reicht, zeigen Minihäuser (»Tiny Houses«, Raumwunder 17) und Mikroapartments. Sinnvoll sind diese vor allem in begehrten Großstädten wie Berlin oder München: Clever eingerichtete Wohnungen, die kleinen Raum gut nutzen, nach dem Vorbild von Hotels, Yachten und Wohnmobilen.

Ähnlich klein sind die Zimmer im Studentenwohnheim, und tatsächlich bauen manche Investoren Mikroapartments für Studierende, wobei hier meist die Quadratmeterpreise höher liegen. Bei fünfzehn bis zwanzig Quadratmetern pro Apartment ergeben sich in Berlin 300 bis 400 Euro Monatsmiete, in Frankfurt und München geht es bis zum Doppelten. Darum wohnen auch Pendler in Mikroapartments oder Projektarbeiter für nur ein bis zwei Jahre. Mancher entscheidet sich bewusst für das Leben auf wenig Platz.

Wer allein im Mikroapartment lebt, aber Kontakt sucht, findet in Häusern der i Live-Gruppe gemeinschaftlich genutzte Fitnessräume und Terrassen, eine Lounge, Bar und Bibliothek. Damit bieten kommerzielle Anbieter Ähnliches wie Wohngemeinschaften oder Wohnprojekte (Raumwunder 33 und 36). Obendrein organisiert ein »Community Manager« Kochkurse und Skifahrten. Als ultimatives Erlebnis können die Mieter eine Patenschaft für ein Huhn übernehmen (kein Witz!).

DER PRAXISTEST
Geht es mit weniger Platz?

Liebäugeln Sie mit einer kleinen Wohnung, weil Sie ein Zimmer fast nicht mehr brauchen, aber zweifeln, ob es wirklich auf weniger Platz geht? Machen Sie den Test und sperren Sie das Zimmer drei Wochen zu! Dann wird klar, ob Sie den Raum noch brauchen.

Mikroapartments bieten
Platz zum Arbeiten,
Essen, Schlafen auf etwa
20 Quadratmetern (i Live
Holding, oben); auf nur
6,4 Quadratmetern schafft
das das »Tiny 100«, ein Tiny
House des Architekten Van
Bo Le-Mentzel, das 100 Euro
Miete kosten würde (Foto-
graf Philipp Obkircher).

Kleine Häuser - Tiny Houses

Ein Haus für ein Zehntel des üblichen Preises kaufen? Das klingt gut, selbst wenn man dafür natürlich auch nur rund ein Zehntel so viel Platz bekommt: »Tiny Houses« sind kleine Häuser mit zehn bis zwanzig Quadratmetern. Meist sind sie auf Rollen montiert und man kann sie daher als Anhänger umherfahren. Stellt man sie ab und will darin wohnen, braucht man eine Baugenehmigung. Mancher jedoch kauft ein Tiny House und wohnt einfach da, wo es ihm gefällt.

Bei rechtlichen-Fragen zu Tiny Houses helfen die Webseiten: www.tiny-houses.de und www.tinylegal. wordpress.com.

Manche Menschen wollen sich für ein Haus nicht verschulden oder im kleinen Haus der Natur nah sein. Sie pflanzen ihr eigenes Obst und Gemüse an und versuchen, frei und unabhängig zu leben. Dazu passend bauen manche ihr Tiny House selbst; Anleitungen und Kurse gehören zur Tiny-House-Bewegung, die aus den USA kam. Sie entstand als Gegenbewegung zum Wachstumsglauben und sagt: Man kann auch auf weniger Platz glücklich werden.

Einen anderen kulturellen Hintergrund haben die Rollheimer, die in Wohnwagen oder Bauwagen leben und Wagendörfer bilden. Sie haben ihre Wurzeln in der Hippie-Bewegung oder bei Hausbesetzern; meist sehen sie sich als Aussteiger. Ihre Wagen ähneln zwar den Tiny Houses, doch diese sind besser ausgebaut und oft sehr schick, entworfen von Architekten, Designern oder Tischlern.

Mehr zu Van Bo Le-Mentzel auf www.hartzivmoebel.de, mehr Informationen zum Tiny House Campus Berlin auf www.bauhauscampus.org.

Die Wohnungswirtschaft beobachtet diese Trends aufmerksam. Die Berliner Hilfswerk-Siedlung sponserte den Architekten Van Bo Le-Mentzel, der ein Hundert-Euro-Haus baute: Für (theoretisch) gerade einmal hundert Euro Monatsmiete entstand ein »Haus« mit 6,4 Quadratmetern Fläche, das einem Bauwagen ähnelt. Es könnte zum Vorbild eines größeren Hauses werden, das aus Hundert-Euro-Apartments besteht. In diesem »Co-Being-Haus« teilen die Bewohner sich einen größeren Gemeinschaftsraum.

Dazu forscht seit 2015 die von Van Bo Le-Mentzel gegründete Tinyhouse University. Sie organisierte 2017/18 eine Ausstellung mit mehr als zehn Tiny Houses beim Bauhaus Archiv in Berlin.

Oben ein Blick auf den Tiny House Campus 2017 beim Bauhaus Archiv Berlin: ganz rechts das »Tiny 100« (vorige Seite), ganz links das Holy Foods House (www.holyfoodshouse.com), daneben (und unten) das Projektcafé Grundeinkommen.

An eine Übernachtung im Wohnwagen erinnert die Schlafnische im Tiny House der Tischlerei Bock (oben), man erkennt sie auch im unteren Bild unter der Decke. Mehr Bilder auf www.bock-tiny-house.de.

Die platzsparenden kleinen Häuser sollen günstigen Wohnraum für alle schaffen. Wenn zehn Quadratmeter zum guten Wohnen reichen, könnte das helfen, auch größere Wohnungen und Häuser so umzubauen, dass dort mehr Menschen leben. Um solche Um- und Ausbauten geht es in den Raumwundern 18 bis 22.

Probewohnen in kleinen Häusern

Testen Sie im Urlaub das Leben auf kleinem Raum: Im Tiny House in Rheinau bei Karlsruhe, in den Camp Hotels oder im Zirkuswagen in Holzminden. Sieben Themenhäuser bietet das Hofgut Hafnerleiten in Bad Birnbach, darunter ein Wasserhaus, ein Bootshaus und ein Baumhaus.

Umbauen

18. RAUMWUNDER

Sanieren Sie Ihr altes Haus, denn das ist meist ökologischer, als neu zu bauen. Zwar muss ein neues Passivhaus fast nicht mehr geheizt werden, während Altbauten vermeintlich verschwenderisch viel verbrauchen. Doch Heizen betrifft nur die Energie in einem bereits gebauten Haus – eine ganzheitliche Ökobilanz umfasst aber den Energieverbrauch von Beginn an: Erstens misst sie den Aufwand, ein Haus überhaupt erst zu bauen. Altbauten stehen bereits, darum sagt man, in ihren Mauern stecke »graue Energie«. Erst dann kommt zweitens die Betriebsenergie für Heizung und Strom dazu. Drittens gehört zur korrekten Energiebilanz auch die Mobilität. Entsteht nämlich ein Haus am Stadtrand auf der grünen Wiese, fahren die Bewohner häufig mehr Auto als im alten Haus in der Stadt; dort ging es noch per Rad oder mit Bus und Bahn.

Freilich erlebt man beim Sanieren von alten Mauern Überraschungen, muss Leitungen neu verlegen und marode Balken ersetzen; darum hält sich der Irrglaube, neu bauen sei planbarer als sanieren. Aber auch beim Neubau geht immer etwas schief, man weiß nur vorher noch nicht, was es diesmal ist. Bei Altbauten können Sie immerhin vorher den Bauzustand begutachten.

Bei diesen Häusern in Bremerhaven wurden markante Flugdächer auf die alten Dächer aufgesetzt.

Bauen Sie also um und nutzen Sie den Platz besser: Haus aufstocken (Raumwunder 19), Wohnungen zusammenlegen (Raumwunder 21) oder teilen (Raumwunder 22) und übereinanderliegende Wohnungen verbinden (Raumwunder 20 und 21).

19. RAUMWUNDER Ausbauen

Auf dem Dachboden hat man früher Wäsche getrocknet, doch heute steht er meist leer (falls dort noch Zeug lagert, zurück zum Entrümpeln!). Bauen Sie das Dachgeschoss aus; setzen Sie aber nicht mehr Etagen aufs Haus, denn das schadet der Ökobilanz (voriges Raumwunder) und raubt den Nachbarn Licht. Doch den vorhandenen Raum können Sie dämmen, ausbauen und nutzen.

20. RAUMWUNDER Raumsonde

Eine Familie in Hamburg lebte in einer Wohnung in einem Gründerzeithaus und hatte für ihre Kinder *wenig* Platz. Eine Etage tiefer wohnte die Großmutter, und sie hatte *viel* Platz. Da erfand der Architekt Gerd Streng die Raumsonde: Wie eine Sonde führt eine schmale Treppe nach unten zu einem Zimmer. Das gehört nun als Satellit zur oberen Wohnung. Die Zimmertür unten schloss die Familie zu und die Wohnung der Großmutter verkleinerte sich um einen Raum.

Auf ähnliche Weise erweiterte Gerd Streng mehrere Wohnungen mithilfe von Treppen, entweder wie geschildert ins darunterliegende Geschoss oder bis runter ins Souterrain, anderswo nach oben in ein neu ausgebautes Dachgeschoss. Das folgt dem Leitsatz des Architekten: »Einbreiten statt ausbreiten!«

Wohnen Sie in einem großen Haus, mit Nachbarn oben und unten, links und rechts? Manche hätten vielleicht gern mehr Platz, andere weniger. Warum also nicht »einfach« die Zimmer tauschen?

Zugegeben, das wird schwierig, wenn Sie Mieter sind und die Räume nicht von vornherein so angelegt wurden (Raumwunder 22). Hausbesetzer im Berlin der 1970er-Jahre haben übrigens illegal Treppen gebaut und Wohnungen verbunden. Dazu würde ich nie auffordern, aber vielleicht klappt es auch legal.

Mehr innovative Treppen des Raumsonden-Erfinders-Gerd Streng: www. gerdstreng.de.

Dieser Raum wird über eine Treppe erschlossen, die als Treppenmöbel dient (wie Raumwunder 14 auch vom Architekten Gerd Streng).

21. Wohnungen zusammenlegen

RAUMWUNDER

Ob Sie mehr oder weniger Platz brauchen, hängt von Ihrer Lebenslage ab: Haben Sie einen neuen Partner oder eine Partnerin? Sind Kinder unterwegs? Dann brauchen Sie vermutlich mehr Platz – müssen aber nicht umziehen, wenn es gelingt, benachbarte Wohnungen zusammenzulegen. Das gehörte in den 1980er-Jahren zum Programm der Internationalen Bauausstellung Berlin: In den engen Mietskasernen entstand so der Platz, um erstmals Bäder oder Küchen einzubauen.

Um Wohnungen zusammenzulegen, müssen beide Eigentümer zustimmen; sprechen Sie mit diesen und mit ihren Nachbarn – vielleicht will sich jemand verkleinern, während Sie sich vergrößern möchten, dann können Sie Räume anders zuordnen (Raumwunder 22).

22. Wohnungen teilen, Einliegerwohnungen einrichten

RAUMWUNDER

Vielleicht könnten Sie Platz abgeben, möchten aber niemanden bei sich aufnehmen (dazu mehr in Raumwunder 27), dann gibt es trotzdem eine Lösung: Teilen Sie das Haus und trennen Sie eine Einliegerwohnung ab! Die benötigt eine eigene Küche und ein Bad, einen Eingang und einen Fluchtweg, darum muss ein Planer prüfen, ob sich das machen lässt.

Umbauen kostet Geld, aber im Gegenzug nehmen Sie durch die neue Wohnung Miete ein. Außerdem fördern es manche Städte, wenn Sie Wohnraum schaffen: Dafür muss man genau hinsehen, weil viele Förderprogramme auf den ersten Blick für Neubau gedacht sind, aber manchmal auch neue Wohnungen in bestehenden Häusern fördern; fragen Sie die Bau- oder Wohnungsämter Ihrer Gemeinde.

Wohnjoker / Jokerzimmer

Es ist nicht einfach, feste Mauern für wandelnde Bedürfnisse umzubauen, für wachsende Familien Wohnungen zusammenzulegen oder sie für kleiner gewordene zu teilen. Aber manche Häuser wandeln sich nach Wunsch: In Wohnprojekts wie Kalkbreite und Zwicky in Zürich sind einige Räume nicht fest einer Wohnung zugeordnet, sondern kommen je nach Bedarf dazu – die sogenannten Jokerzimmer.

Sie liegen manchmal als Schalträume zwischen zwei Wohnungen, und man mauert eine der Türen zu, falls man das Zimmer der Nachbarwohnung zuschaltet. In anderen Häusern liegen die Jokerzimmer am Flur, der mehrere Wohnungen erschließt. Dort können Jugendliche einen eigenen Raum nebenan bekommen, der sich schon fast wie eine eigene Wohnung anfühlt. Die Jokerzimmer verfügen sogar über ein kleines Bad.

Die Hausbewohner beraten gemeinsam, wer wann mehr Platz braucht: Wo Kinder heranwachsen oder Menschen zusammenfinden, ziehen sie den »Wohnjoker«. Mithilfe der Jokerzimmer kann die Wohnung wachsen, obwohl die Wände bleiben.

Rund um ein Depot für Straßenbahnen entstand das Züricher Wohnprojekt Kalkbreite. Gewohnt wird in den oberen Stockwerken.

So könnte man sogar Stadtviertel flexibler machen: Mit Jokerzimmern im Nachbarhaus! Das liegt zwar ein paar Schritte entfernt, aber wird es als Arbeitsraum genutzt, ist das kein Problem (Raumwunder 25), und mancher Jugendliche fände die Entfernung sogar toll. Nachbarn überlegen zusammen, wer ein Jokerzimmer braucht. Oder Sie selbst sind Ihr eigener Joker, wie im folgenden Raumwunder.

24. RAUMWUNDER

Räume anders nutzen

Überlegen Sie, wer welchen Raum Ihrer Wohnung wann nutzt: Bleibt mancher die meiste Zeit ungenutzt? Vielleicht fehlt genau dann Freunden oder Nachbarn genau so ein Raum.

Überlegen Sie als Nächstes für Ihre Garage oder Ihr Büro, wer diese zusätzlich nutzen könnte. Bei der Werbeagentur Heldergroen in Haarlem werden die Tische abends unter die Decke gezogen und der Raum dient als Yogastudio!
Räume anders nutzen bedeutet, die Zeit an anderen Orten zu verbringen oder Raum und Zeit aufeinander abzustimmen: Zur »zeitgerechten Stadt« forschen einige Wissenschaftler. Nutzen Sie Ihre Wohnung zeitgerecht.

25. RAUMWUNDER

Arbeitsraum untervermieten

Einen Wohnraum untervermieten und damit Fremde bei sich wohnen lassen? Mancher würde eher Einbrechern die Tür öffnen. Aber es gibt eine entspannte Lösung, überzähligen Raum zu nutzen: Vermieten Sie ein Zimmer zum Arbeiten.

Ein Büro dürfe man nicht einfach in einer Wohnung einrichten, warnen wohl Juristen. Doch so offiziell muss es nicht sein, vielleicht möchte ein Freund oder Nachbar nur einige Stunden in Ruhe arbeiten in einem »Homeoffice away from home«. Zum Schreibtisch bringen liebevolle Gastgeber Kaffee und Kuchen.

Garage untervermieten

Was verbindet die Band Nirvana mit den Ramones? Beide begannen ihre Karriere in einer Garage. Solche Proberäume gaben in den 1960er-Jahren dem »Garage Rock« seinen Namen. Helfen Sie also einer Garagenband auf den Weg.

Oder geben Sie Garagenfirmen eine Chance: Dave Packard und William Hewlett starteten Ende der 1930er-Jahre in einer Garage ihr Unternehmen, das zum Weltkonzern Hewlett-Packard (HP) wurde; die Garage ist heute ein Museum. Nicht ganz so berühmt ist Haga Metallbau aus Franken, doch dort arbeiten 400 Menschen und erwirtschaften fünfzig Millionen Euro, und gegründet wurde die Firma in den 1970er-Jahren – in einer Garage.

Garagenfirmen und Garagenbands

Apple, Google, HP, Delta Airlines, Ford, Harley-Davidson.
Nirvana, The Ramones, The Who, Buddy Holly, The Kinks
(weitere im Blog der Garagenfirma Blue Sky Builders im Artikel »From Garage to Arena«).

Oder Sie bieten Ihre Garage Nachbarn an, die Platz für Krempel brauchen. Teilen Sie die Garage, teilen Sie Ihre Erfahrung beim Entrümpeln und teilen Sie vielleicht noch mehr: Vom Zusammenrücken handelt der folgende Abschnitt.

Ob mit Akustikgitarre oder Keyboard, in dieser Garage können Sie Ihre Karriere als Musiker starten.

Sie wohnen zusammen im Mehrgenerationen-Wohnprojekt Amaryllis in Bonn (Aufnahme bei einem Sommerfest).

Haus: Zusammen- rücken

Denken Sie an die erste Wohnung Ihrer Kindheit: Wie viele Menschen lebten damals in wie vielen Zimmern? Vermutlich wohnten *mehr* Menschen auf *weniger* Platz als heute. Unser Wohlstand wird noch deutlicher, wenn Sie sich von Ihren Eltern erzählen lassen, wie eng es in *deren* Kindheit zuging. Doch dass ihnen damals ein Gästezimmer gefehlt hat, hört man eher selten, sondern wie schön es war, mit Geschwistern und Nachbarn zu spielen.

Diese Gedanken führen zu einem neuen Sinn des Platzsparens: Wenn wir entrümpeln, nichtrümpeln und durch Kompaktmöbel Platz gewinnen – was machen wir dann damit? Teilen wir den Raum! Nutzen wir ihn auch für andere.

Viele teilen bereits das Auto, aber nicht nur Mobilien, auch Immobilien lassen sich teilen. Allerdings fällt Mut zur Nähe oft schwer. Da hilft es, wieder an die Geschichte von Dale Carnegie zu denken: Was könnte im schlimmsten Fall passieren, wenn Sie Nähe wagen? Wenn es nicht klappt, versteht man sich eben schlecht und geht wieder auseinander. Aber wenn man es nicht wagt, ist man auf jeden Fall allein. Schlechte Erfahrungen vermeidet nur, wer gar nicht lebt. Zusammen gewinnen wir Nähe, Freundschaft und Liebe.

Als die Not groß war, rückten die Menschen zusammen: in der Nachkriegszeit. Nicht immer freiwillig, aber erfolgreich, wie das Buch »Willkommensstadt« schildert.

27. RAUMWUNDER Mitbewohner aufnehmen

Ein freies Zimmer können Sie auf mindestens ein Dutzend Weisen beleben, das zeigen die Raumwunder dieses Abschnitts – wählen Sie aus:

- Voll oder leer: Bieten Sie den Raum möbliert oder unmöbliert an?
- Groß oder klein: Haben Sie mehrere Räume frei? Dann gründen Sie eine Wohngemeinschaft (Raumwunder 33 und 34) oder ein Wohnprojekt (Raumwunder 36).
- Allein oder zusammen: Vielleicht sucht ein Nachbar einen zusätzlichen Raum (Raumwunder 23) oder Sie teilen ihn mit *mehreren*.
- Untermieter oder Mitbewohner: Betrachten Sie die neuen Nutzer als gleichberechtigt?
- Wohnpartner oder Lebenspartner: Soll die neue Person unter das gleiche Dach ziehen oder sogar unter die gleiche Decke? Je nach Antwort hilft Ihnen eine Partnerbörse oder eine Wohnpartnerbörse (Raumwunder 32).
- Helfer oder Pfleger: Nehmen Sie Personen auf, die Ihnen mehr (Raumwunder 31) oder weniger (Raumwunder 29) helfen.
- Flüchtlinge aufnehmen: Nutzen Sie das Onlineportal »Flüchtlinge willkommen«; es vermittelte seit Ende 2014 in drei Jahren über 400 Wohngemeinschaften.
- Kurz oder lang: Testen Sie das Zusammenwohnen ein Semester mit Gaststudenten oder -wissenschaftlern oder nehmen Sie Gäste für einige Tage auf (nächstes Raumwunder).

Wie gut eignen Sie sich für das Zusammenleben? Testen Sie sich selbst: Sind Sie mit Geschwistern aufgewachsen? Haben Sie einmal in einer WG gelebt? Wie lang? Wann haben Sie zuletzt privat bei jemandem übernachtet, der nicht zur Familie gehört?

28. RAUMWUNDER Unbekannte Gäste aufnehmen

Lernen Sie gern Menschen kennen? Dann laden Sie über Plattformen wie www.couchsurfing.com Gäste ein. Die sparen sich Hotelzimmer und zahlen stattdessen mit Freundschaft und Abenteuer. Das kann auch mal schiefgehen; lesen Sie darum auf den Plattformen die Erfahrungen anderer mit den jeweiligen Besuchern.

Zwiespältig muss man heute Airbnb betrachten, auch wenn deren Idee anfangs einmal ähnlich war: Menschen vermieten ein Zimmer zeitweise an andere. Doch viele Anbieter vermieten dort inzwischen komplette Wohnungen über das gesamte Jahr, betreiben also eigentlich Hotels, ohne deren Vorschriften zu Brandschutz und mehr zu beachten, weswegen viele Städte Derartiges mittlerweile verbieten.

Auf Reisen anders unterkommen

Lernen Sie andere Orte kennen mit einem Wohnungstausch über www.fewo-tausch.de oder www.haustauschferien.com. Mieter von Wohnungsgenossenschaften können gegenseitig die Gästezimmer nutzen (siehe Serviceteil).

Wohnen für Hilfe

Nachdem die Kinder ausgezogen sind, bleibt den Eltern oft mehr als genug Platz, aber ihnen fehlt Gesellschaft und manchmal etwas Hilfe. Genau umgekehrt geht es jungen Leuten, die Wohnraum suchen, aber helfen können. Das führt zur Idee von »Wohnen für Hilfe«: Ältere Menschen nehmen Studierende bei sich auf (und manchmal nehmen jüngere Menschen Nichtstudierende auf, zu beidem unten mehr).

Die »Untermieter« zahlen keine Miete, sondern helfen im Alltag, in der Regel eine Stunde monatlich je Quadratmeter: Sie kaufen ein, mähen den Rasen oder reden einfach mit den Vermietern. Dabei geht es nicht um Pflege (Raumwunder 31). Die jungen Leute mieten manchmal ein Zimmer und teilen Bad und Küche wie in einer WG, anderswo erhalten sie eine Einliegerwohnung.

Eine Vermittlung von »Wohnen für Hilfe« finden Sie in über vierzig Orten in Deutschland, Österreich und der Schweiz (siehe Serviceteil), meist organisiert von Studentenwerken oder Städten. Dazu gibt es viele Varianten:

Manche Wohnpaare bei »Wohnen für Hilfe« kochen gemeinsam. Vielleicht hat die Untermieterin eingekauft.

»Wohnpaare auf Zeit« tauschen, was der eine hat und der andere braucht – was könnten Sie geben: Zeit? Platz? Geld? Und was wünschen Sie sich dafür?

- Die meisten Stellen vermitteln an Studierende, andere wie »Wohnpaar auf Zeit« in Düsseldorf auch an Auszubildende; Flüchtlinge wurden im Landkreis Landsberg zu Helfern (siehe Text »Das schöne Beispiel«).
- Die Untermieter helfen meist den Vermietern, aber in Düsseldorf können sie stattdessen gemeinnützig im Stadtviertel arbeiten oder im Wohlfahrtsverband.
- Den Wohnraum bieten häufig ältere Menschen, in anderen Fällen sind es alleinstehende Mütter (oder Väter). Es gibt auch »Wohnen für Hilfe« mit Behinderten, zum Beispiel in Freiburg (Raumwunder 34).

Onlineportale wie www.wg-gesucht.de und www.pluswgs.de helfen bei der Suche nach passenden Wohnpartnern.

Auch Webseiten wie www.wg-gesucht.de vermitteln »Wohnen für Hilfe«, wobei man entsprechende Filter anwenden kann oder nach Stichwörtern suchen muss. Recht spezialisiert ist das Onlineportal www.pluswgs.de für Leute ab 50 Jahren.

Sorgen Sie sich, die Untermieter nicht wieder loszuwerden, falls es menschlich nicht klappt? Dann beruhigt Sie Nicole Krauße vom Studierendenwerk Freiburg, die seit fünfzehn Jahren Wohnpartner vermittelt: »Bei knapp 1.000 Vermittlungen ist es noch nie geschehen, dass jemand nicht auszieht, obwohl man sich nicht gut versteht!«

DAS SCHÖNE BEISPIEL:
Wohnen für Hilfe mit Flüchtlingen

Im Haus der Hubers in Dießen bei Landsberg stand die Einliegerwohnung leer, aber Hilfe konnte die Familie gut gebrauchen,
im Garten und für den über 70-jährigen Schwiegervater von
Claudia Huber. Darum interessierten sie sich für das Modell
»Wohnen für Hilfe«: Das vermitteln zwischen Augsburg und
München die Caritas und der Landkreis Landsberg; und das
übertrug die Asyl- und Integrationsbeauftragte Anne Pfeffer-
korn aus Schondorf auf das Zusammenwohnen mit Flüchtlingen.

Wenn Sie an gegenseitige Hilfe denken, welche Tätigkeit reizt Sie besonders zu tei-len: Gartenarbeit? Entrümpeln? Ko-chen und Backen? Karten spielen?

So zogen bei den Hubers im Mai 2017 Weyni und Samiel ein,
Flüchtlinge aus Eritrea. Die beiden helfen für die Sechzig-Qua-
dratmeter-Wohnung im Monat sechzig Stunden. So schildert
es Claudia Huber dem Landsberger Kreisboten: »Gegen 14 Uhr
kommt Samiel vom Integrationskurs zurück. Danach arbeitet er
im Garten, baut Gemüse an und kümmert sich um Brennholz für
den Winter.« Bald hilft er außerdem beim Umbau des Hauses,
das für Schwiegervater Huber behindertengerecht werden muss.

Auch Samiels Partnerin Weyni hilft im Haus mit, doch seit
Ende 2017 freuen sich die beiden Flüchtlinge selbst über Hilfe:
Da kam ihr Kind zur Welt.

Wohnen für Hilfe im Seniorenheim

30. RAUMWUNDER

Siebzig oder achtzig Jahre alt sind die meisten der 600 Menschen,
die im GDA Wohnstift Göttingen leben, aber in vier bis sechs
Apartments trifft man deutlich jüngere: Studenten wohnen im
Seniorenheim. Ihre Miete leisten sie zum größten Teil durch
Hilfe – sie begleiten die Älteren bei Ausflügen, gehen für sie
einkaufen oder unterhalten sich bei Kaffee und Kuchen. Falls sie
dreißig Stunden im Monat arbeiten, zahlen sie gut hundertfünfzig Euro für ein 26-Quadratmeter-Apartment mit eigener Küche
und Bad. Aber die jungen Leute wohnen wohl kaum allein wegen
des Geldes im Seniorenheim, sondern für den Austausch zwischen
Jung und Alt.

Alt teilt mit Jung
Erinnerungen aus einer
Zeit, als Fotos noch
schwarzweiß waren.

Zehn Studierende kommen auf fünfzig bis sechzig ältere Bewohner des Albert-Ria-Schneider-Hauses in Freiburg. Vermittelt vom Studierendenwerk nach dem Modell »Wohnen für Hilfe« zahlen auch sie wenig Miete, helfen aber zum Beispiel am Computer, oder bereiten Oster- und Weihnachtsfeiern vor. »Helfen« kann auch einfach heißen, eine Runde Skat miteinander zu spielen.

31. RAUMWUNDER Pfleger im Haus unterbringen

Die meisten Menschen wollen im Alter im Haus wohnen bleiben, doch dort leben nur noch selten Kinder oder Schwiegertöchter, die sich um die Älteren kümmern. Als nächsten Schritt kann man Räume mit »Wohnen für Hilfe« an helfende Personen vermieten; doch wenn das nicht reicht, vermieten manche ein Zimmer oder eine Einliegerwohnung an Pfleger. »Polnische Pflegekraft« nennt man das oft, aber das Portal www.pflege.de weist darauf hin, dass der Begriff etwas irreführend ist: Pfleger kommen auch aus anderen Ländern und die meisten sind keine ausgebildeten Pflegekräfte, darum dürfen sie nicht alle Pflegeaufgaben übernehmen. Bezahlen lässt sich das teilweise mit Geld aus der Pflegeversicherung – mit Pflegegeld oder mit der sogenannten Verhinderungspflege als Ersatz für verhinderte Verwandte oder, um diese zu entlasten.

Wenn jemand in einer eigenen Wohnung in einer betreuten Wohnanlage gepflegt und betreut wird, spricht man vom »betreuten Wohnen«. Dieser Begriff ist nicht geschützt und daher nicht eindeutig definiert, schreibt www.pflege.de, weshalb auch manche Angebote von Seniorenheimen so heißen. Vom »Service-Wohnen« spreche man dagegen, wenn jemand in einer barrierearmen Wohnung Hilfe und Betreuung bekomme, etwa Wäsche waschen und Essen liefern; professionelle Pflege falle nicht darunter.

Pfleger im Haus unterbringen ist eine Einzellösung für Wohnen im Alter – stattdessen gibt es gemeinschaftliche Wohnformen, um die es im Folgenden geht.

Mut zur Nähe mit dem Wohnpartnerportal

Die erste Frage ist leicht zu beantworten: Haben Sie schon mal im Internet eine Wohnung gesucht? Bei der zweiten Frage ziert sich mancher, aber wir sind ja hier unter uns: Haben Sie schon mal online nach einem Partner oder einer Partnerin gesucht? Wenn Sie zweimal ja geantwortet haben, dürfte Ihnen die Idee einleuchten, über das Internet Mitbewohner zu vermitteln, also »Wohnpartner«. Wie bei den Partnerbörsen sollen Menschen zusammenpassen, allerdings geht es hier nicht um Liebe. Trotzdem oder gerade deswegen muss man die Wünsche und Bedürfnisse herausfinden, die Werte und Gewohnheiten.

Fünfzig Fragen nutzt das Portal Gold-WG, um Wohnpartner zusammenzubringen. Seit 2017 vermittelt diese Plattform in Deutschland und Österreich online Menschen für Wohn- und Hausgemeinschaften; um die 1.000 haben sich inzwischen angemeldet. Allerdings nur Personen ab fünfzig, alle anderen müssen auf neue Firmen wie www.bring-together.de warten – oder sie lesen trotzdem weiter und empfehlen die Gold-WG ihren Eltern, die noch allein wohnen.

Mithilfe der Fragen verhindern missionarische Vegetarier, dass sie auf Steakesser stoßen, und Nachtmenschen bleiben unter

> Menschen ab 50 finden über das Wohnpartner-Portal www.gold-wg.com zusammen oder mit www.pluswgs.de; unabhängig vom Alter arbeitet www.bring-together.de.

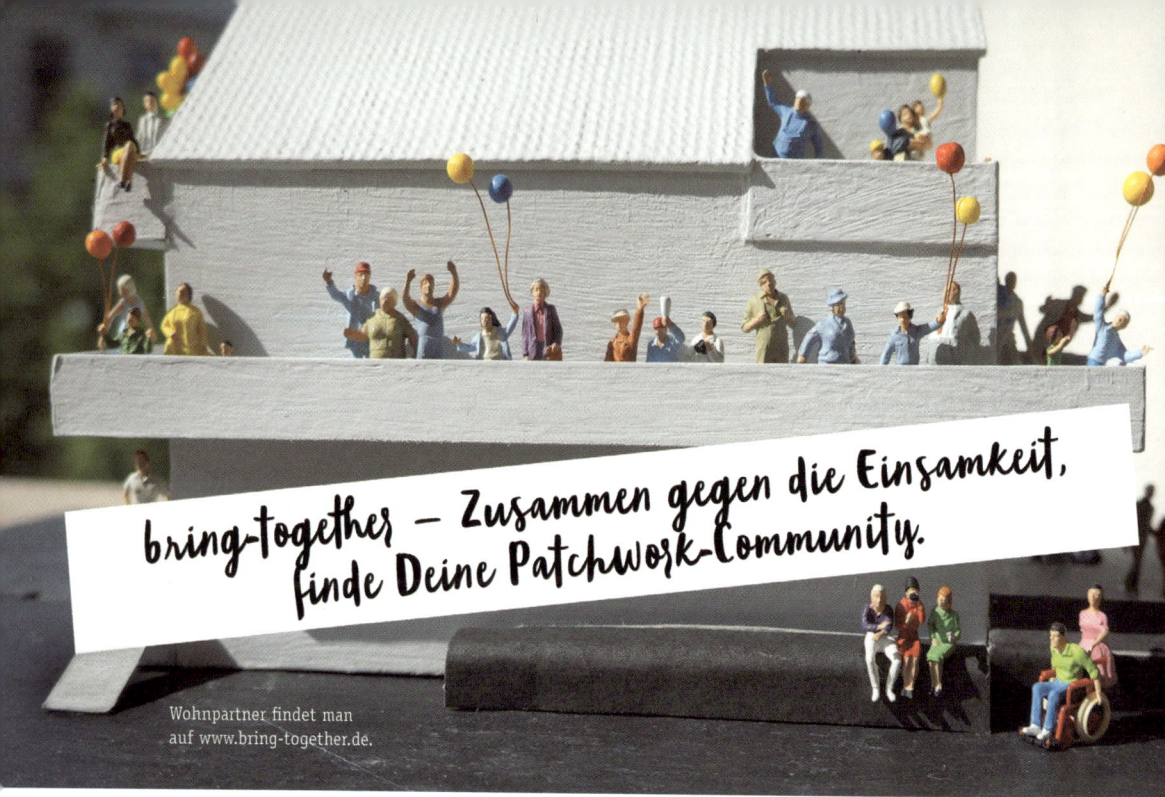

bring-together – Zusammen gegen die Einsamkeit, finde Deine Patchwork-Community.

Wohnpartner findet man auf www.bring-together.de.

sich. Hundert Prozent Übereinstimmung sind allerdings nicht das Ziel, wie die Erfahrung aus Partnerbörsen zeigt, bei achtzig oder neunzig Prozent hat man sich mehr zu erzählen.

Wer auch ohne viele Fragen in eine WG ziehen möchte, findet Mitbewohner bei Portalen wie www.wg-gesucht.de oder www.wg-suche.de; Menschen ab fünfzig auch bei www.pluswgs.de. Inzwischen können Sie sogar andere die Wohnpartner für sich aussuchen lassen (Raumwunder 35).

33. RAUMWUNDER

Wohngemeinschaft gründen

Zusammen für die Weltrevolution arbeiten, dafür hätte mancher vor fünfzig Jahren eine WG gegründet. Heute gilt das für einige immer noch, andere suchen eine »Zweck-WG«. Was auch immer Sie antreibt: Eine Wohngemeinschaft spart Platz, weil man sich Bad, Küche und Wohnraum teilt. Hier folgt die ultimative Liste für eine WG-Gründung.

Einfach-anders-wohnen-WG-Checkliste

1. Entscheiden Sie: Eine vorhandene WG aussuchen, bei der sich alles schon eingespielt hat, oder eine neue gründen und formen?
2. Mit wem? Stellen Sie wie die Wohnpartnerbörse (voriges Raumwunder) fünfzig Fragen, um passende Mitbewohner zu finden. Oder googeln Sie »Fragen zum Kennenlernen« und finden Listen mit 25, 99 oder 201 Fragen.
3. Warum? Schreiben Sie gemeinsam auf, was Sie vom Zusammenwohnen erwarten, in einem Wort, in einem Satz oder in einem Buch.
4. Wo? Damit ist die Lage der Wohnung gemeint, wie sie aufgeteilt ist, wie viel Platz sie dem Einzelnen bietet und wie viel der Gemeinschaft. Und ob Sie allein oder zusammen die Wohnung mieten oder kaufen oder ob Sie ein Wohnprojekt gründen (Raumwunder 36).
5. Wie es losgeht: mit mehreren Hauptmietern oder einem Hauptmieter und mehreren Untermietern. Regeln Sie im Mietvertrag, was bei Auszug des Hauptmieters geschieht. Alle Mieter sollten eine Haftpflichtversicherung haben.
6. Bedenke das Ende: Klären Sie die Folgen, wenn jemand auszieht, sowohl im Mietvertrag als auch in einem WG-Papier zu gemeinsamen Anschaffungen ... und eventuellen Schäden, die das wilde WG-Leben hinterlässt.

Viele Wohngemeinschaften streiten sich ums Putzen. Mal ganz ehrlich, wie ist es bei Ihnen: Sauberer als bei Ihren Freunden? Aufgeräumter als bei Ihren Eltern? Würden Sie von Ihrem Boden essen?

Diese WG fand sich dank der Firma Gundlach aus Hannover: Sie vermietet Wohnungen an Flüchtlinge zur WG-Gründung, hier an Baka (links) aus Palästina (studiert Maschinenbau), Zewan aus dem Irak (macht eine Ausbildung zum Kfz-Mechatroniker) und Tiffany aus Deutschland (studiert Sozialwissenschaften).

(7) Zwischen Anfang und Ende, Teil 1 – das Materielle: Nebenkosten (Strom, Heizung) regeln, weil manche WGler bereits ausgezogen sind, wenn die Abrechnung kommt. Kaffeekasse für Kleinigkeiten erwägen. Natürlich auch die wirklich wichtigen Kosten klären, also den Internetanschluss. Und teilt man den Kühlschrank? Samt Inhalt?

(8) Zwischen Anfang und Ende, Teil 2 – Sinn und Sinnlichkeit: Putzen kann besinnlich sein (Raumwunder 4), also regeln Sie, wer es wann genießen darf. Erinnern Sie sich jährlich beim WG-Geburtstag daran, warum sie die WG gegründet haben, und lesen Sie Wort, Satz oder Buch von Punkt 3.

(9) Feste feiern: Gründung der WG, Einzug und Auszug von Mitbewohnern, Hochzeiten und Todesfälle. Regeln Sie, wann außerdem Party sein soll, an jedem Geburtstag, jedem Namenstag oder an jedem Kalendertag?

(10) Danach: Wenn jemand auszieht, wer bestimmt, wer dann einzieht? Gehen Sie zurück zum ersten Punkt der Checkliste.

Ob das Zusammenleben klappt, entscheidet sich oft am Tag-Nacht-Rhythmus und am Essen. Gehen Sie früh schlafen? Haben sie einen empfindlichen Schlaf? Sind Sie Vegetarier oder Veganer? Bleiben Sie cool, wenn andere Fleisch essen?

34. RAUMWUNDER

Senioren-WG oder inklusive WG gründen

Eine Senioren-WG besteht aus älteren Bewohnern und ist ansonsten eine WG wie jede andere – bis auf drei Unterschiede: Ältere Menschen leben meist auf größerer Fläche, darum lohnt es sich besonders, zusammenzuziehen und Platz zu sparen. Zweitens fühlt sich mancher allein, wenn Freunde oder Partner sterben, deshalb ist das Zusammenwohnen umso schöner. Schließlich braucht mancher früher oder später Hilfe oder Pflege; auch deswegen leben in manchen Senioren-WGs sowohl alte als auch kranke Menschen. Helfen können jüngere WG-Bewohner, wie bei »Wohnen für Hilfe« (Raumwunder 29). Falls das nicht reicht, kann man »Pfleger im Haus« aufnehmen oder Hilfe kommen lassen beim »betreuten Wohnen« (Raumwunder 31).

Wenn mehrere pflegebedürftige Menschen zusammenziehen, bekommt eine »Senioren-Wohngemeinschaft« zum einen genauso Geld wie einzelne Pflegebedürftige: Pflegegeld (wenn Verwandte

Filmtipp: »Und wenn wir alle zusammenziehen?«, französische Komödie über ein Wohnprojekt alt gewordener Freunde.

Prost: Diese Menschen könnten sich als Wohnpartner über die Gold-WG gefunden haben (Raumwunder 32).

die **GOLD** WG

oder Ehrenamtliche sie versorgen) oder die sogenannten Pflegesachleistungen (wenn ein ambulanter Pflegedienst vorbeikommt). Zum anderen aber gibt es Zuschüsse für die Gründung einer »Pflege-WG« (oder einer »Demenz-WG«), wie man etwa auf der Webseite www.pflege.de nachlesen kann. Unter dem Namen »Pflege-WG« oder »Senioren-WG« bieten kommerzielle und gemeinnützige Betreiber Plätze in mehr oder weniger intensiv betreuten Wohngruppen.

Zum Beispiel Henning Scherf

Der ehemalige Bremer Bürgermeister zog 1987 bereits mit Ende Vierzig in eine Senioren-WG. In einem großen Haus in der Bremer Innenstadt leben an die zehn Personen zusammen; drei von ihnen verkauften ihr Eigenheim, um das Haus zu finanzieren. Kurz nach dem Einzug wurden nacheinander zwei Bewohner todkrank. Die anderen kümmerten sich sieben Jahre lang um die Sterbenden und halfen je nach ihren Kräften. Man solle professionelle Pflege und freiwillige Hilfe verbinden, sagt Henning Scherf; er wisse von neunhundert Pflegewohngemeinschaften.

> Buchtipp: Henning Scherf »Grau ist bunt. Was im Alter möglich ist.«

Ähnliche Möglichkeiten gibt es zu »inklusiven WGs« (oder »integrativen WGs«) von Menschen mit oder ohne Behinderung. Darüber informiert die Webseite www.wohnsinn.org, erzählt in einem Blog vom WG-Leben, gibt Tipps zur Gründung und nennt je ein Dutzend bestehender und sich gründender inklusiver Wohngemeinschaften.

35. RAUMWUNDER

Co-Living

Die richtige Wohngemeinschaft zu finden, ist nicht einfach, eine neue zu gründen auch nicht, also lassen Sie Profis das erledigen: Beim Co-Living mietet ein Unternehmen die Wohnung, sucht Möbel aus, darunter eine schicke Küche und einen großen Esstisch, und organisiert sogar Filmabende im heimischen Kino. Aber vor allem: Die Firma sucht passende Mitbewohner, ähnlich wie bei Partnerbörsen oder bei der Gold-WG (Raumwunder 32).

Im Gegensatz zur Gold-WG sollten Sie aber nicht jenseits der Fünfzig sein, sondern eher halb so alt: Großstädter mit wechselnden Arbeits- und Wohnorten sind die Zielgruppe der Co-Living-Anbieter. Das Unternehmen Medici Living eröffnete 2017 in Berlin ein Co-Living-Haus mit 45 Plätzen; die Firma vermittelt normalerweise möblierte Zimmer in WGs, nun aber übernimmt sie gleich die Gründung der ganzen WG.

> Lernen Sie schnell Leute kennen, und wenn ja, wo? Auf Partys? Beim Essen mit gemeinsamen Bekannten? Beim Einkaufen? Im Bus?

Eigentlich zeigen diese Bilder Coworking-Spaces von Wework (Raumwunder 45), doch die wohnlichen Räume deuten an, dass die Firma auch Co-Living anbietet.

Die angesprochenen Projektarbeiter und Firmengründer trennen Arbeiten und Wohnen nicht so scharf. Auch deswegen bietet Wework, eine große Firma für Coworking-Plätze (Raumwunder 45), nun auch Co-Living an. Falls Sie zum Beispiel demnächst für ein, zwei Monate in Manhattan arbeiten und wohnen wollen, können Sie dort Raum für beides buchen.

Vielleicht kündigen Sie sogar Ihre Wohnung und ziehen von einem Co-Living-Haus zum nächsten. Dafür zahlen Sie beim Unternehmen Roam eine Flatrate von fünfhundert Dollar pro Woche und können unter Orten wählen, die mehr nach Urlaub als nach Arbeit klingen: London, Tokio, Miami, Bali.

Haben Sie schon einmal »unfreiwillig« mit fremden Menschen zusammengewohnt – im Internat? Beim Wehrdienst? Bei einem Seminar? Oder gehen Sie wandern und kennen es, mit Fremden eine Hütte zu teilen? Haben Sie einmal beim Speed-Dating mitgemacht?

In der Oldenburger Eschstraße organisieren Nachbarn jedes Frühjahr einen Straßenflohmarkt.

Viertel:
Nachbarschaft beleben

Marnix Haak hat ein Jahr lang seine Straße nicht verlassen. Vom 1. September 2016 an lebte er entlang 600 Metern der Javastraat in Amsterdam. Diese Beschränkung erweiterte seine Welt, denn er lernte seine Nachbarn kennen. Haak zeigt sie mit ihren Sorgen und Freuden in über hundert Filmen im Youtube-Kanal »Jaffa Jaffa«. Dort sieht man Bilder vom Fest am 1. September 2017: Unter dem Jubel seiner Nachbarn verließ er mit dem Rennrad erstmals wieder die Javastraat.

Nehmen Sie Marnix Haak zum Vorbild und lernen Ihre Nachbarn kennen. Fangen Sie klein an: Einfach mal klingeln. Laden Sie zum Grillen ein. Als Nächstes feiern Sie gemeinsam ein Straßenfest.

Sie können Ihre Nachbarn sogar kennenlernen, ohne das Haus zu verlassen: Webseiten bringen Stadtviertel zusammen. Bei »Netzwerk Nachbarschaft« verbinden sich 2.500 Gemeinschaften mit 200.000 Nachbarn in Deutschland und Österreich.

Vergleichen Sie wieder mit der Dale Carnegie-Geschichte: Was kann schlimmstenfalls passieren, wenn wir auf Nachbarn zugehen? Dass jemand uns abweist. Aber ohne Nachbarschaft wird unser ganzes Stadtviertel abweisend. Darum raus auf die Straße!

Peter Lovenheim lernte seine Nachbarn kennen, indem er fragte, ob er einen Tag und eine Nacht bei ihnen bleiben dürfe. Seine Erlebnisse schildert er im Buch »In the neighborhood«.

36. Wohnprojekt gründen

RAUMWUNDER

Ein Wohnprojekt ist mehr als Wohnen. Dieser Anspruch verbindet Tausende Wohnprojekte und Zehntausende Bewohner: Sie teilen mehr oder weniger viele Räume (Raumwunder 40), doch sie teilen noch mehr – Sachen und Ideen oder den Glauben an eine bessere Welt (Raumwunder 39).

Das Wohnprojekte-Portal der Stiftung Trias unterscheidet vier Typen gemeinschaftlichen Wohnens:

- Wohnprojekte, bei denen jede Partei eine eigene Wohnung hat, aber andere Räume gemeinschaftlich nutzt,
- Wohngemeinschaften,
- Baugemeinschaften, die gemeinsam neu bauen oder umbauen,
- Siedlungsgemeinschaften von mehreren Häusern in einem Quartier.

Sie finden auf www.wohnprojekte-portal.de über tausend Wohnprojekte, wovon sich mehrere Hundert gerade erst gründen;

Gemeinsam im Garten: Hier bei »Italien zu Gast« im Gemeinschaftsgarten Annalinde Leipzig.

weitere stehen auf der Online-Projektbörse des Forums Gemeinschaftliches Wohnen (siehe Serviceteil). Suchen Sie nach Orten, nach autofreien Projekten, Seniorenwohnen oder Mehrgenerationenwohnen.

Neben dem Wohnprojekte-Portal zu *allen* Projekten widmet sich die Stiftung Trias auch *eigenen* Projekten. Hierbei sorgt sie dafür, dass diese dauerhaft mehr als Wohnen bieten: Sie verhindert die Spekulation mit Boden mithilfe des Erbbaurechts. Den Wohnprojekten gehören die Gebäude, aber das Eigentum am Boden liegt bei der Stiftung, die ein Erbbaurecht vergibt, meist für 99 Jahre.

Auch das Mietshäuser Syndikat verhindert Spekulation: Die dort verbundenen Häuser werden sicher nicht verkauft und die Mieten explodieren nicht. In 127 Hausprojekten (Stand Ende 2017) wohnen über dreitausend Menschen, und weitere 18 Initiativen gründen sich derzeit – vielleicht auch in Ihrer Stadt. In Österreich startet mit dem Habitat ein Verbund nach Vorbild des Mietshäuser Syndikats; es zählt erste Hausprojekte in Linz und Salzburg.

Buchtipp: Barbara Nothegger beschreibt ihren Einzug in das Wohnprojekt Wien mit all seinen Höhen und Tiefen: »Sieben Stock Dorf. Wohnexperimente für eine bessere Zukunft«.

Das Wohnen im Mietshäuser Syndikat nutzt auch der Umwelt: Auf nur etwa 30 Quadratmetern pro Person wohnen die Menschen dort im Durchschnitt, deutlich unter den bundesweiten 45 Quadratmetern! Dabei gründen sich die Hausprojekte nicht, um Fläche zu sparen. Es geht darum, gut zusammenzuleben, indem alle überlegen, was sie wirklich brauchen und was sie teilen können, und als Nebeneffekt benötigt so jeder weniger Platz.

37. RAUMWUNDER

Mehrgenerationenhäuser

Alt und Jung *wohnen* in einem Haus, das meint an dieser Stelle der Begriff Mehrgenerationenhaus – er bezeichnet nämlich auch Häuser, in denen sich die Generationen *treffen*, in Cafés und Kursen, betrieben von Städten oder gemeinnützigen Verbänden; über fünfhundert derartige Häuser listet das Familienministerium auf. Hier aber soll es ums Wohnen gehen, wobei sich selbst dabei die Mehrgenerationenhäuser sehr unterscheiden: Da gibt es kommerzielle Angebote von Heimen für Senioren »plus Jüngere«, Häuser zur Miete oder für Eigentümer oder genossenschaftliche Wohnprojekte.

So schön es sich anhört, mehrere Generationen zu verbinden, meist umgeben wir uns mit Gleichaltrigen. Wann haben Sie zuletzt mit deutlich älteren Menschen Zeit verbracht? Wann mit Kindern – wie viele waren es? Hatten Sie genug Geduld, oder sind Sie aus der Übung?

Bei den Mehrgenerationenhäusern teilen sich Menschen Räume, fast immer den Garten, meist einen Gemeinschaftsraum. Außerdem teilen die Bewohner in gewissem Maße ihr Leben und helfen sich gegenseitig, etwa indem die Älteren auf die Kinder der Jüngeren aufpassen, die wiederum beim Einkaufen helfen.

Die ältere Generation überwiegt bei den Mehrgenerationenhäusern, weil es ihr leichter fällt, eine Wohnung zu finanzieren: Der ein oder andere verkauft dafür sein zu groß gewordenes Eigenheim. Um auch Jüngeren den Einzug zu ermöglichen, legen mancherorts Bewohner zusammen und dann muss weniger zahlen, wer weniger hat, zumindest in genossenschaftlichen Wohnprojekten.

Haus im Viertel

Im Bremer »Viertel« in den Ortsteilen Ostertor und Steintor kann man sich auf viele Weisen vergnügen: Erst geht es ins Weserstadion, dann zum asiatischen Imbiss oder zur Dönerbude, danach ins Theater am Goetheplatz und schließlich in die Kneipe. Mittendrin leben pflegebedürftige Menschen im »Haus im Viertel«. Es besteht genau gesagt aus mehreren Häusern auf dem Gelände einer ehemaligen Brotfabrik, und dort unterhält die Bremer Heimstiftung 85 Wohnungen.

Manche Bewohner brauchen kaum Hilfe, andere mehr: Die Paritätischen Dienste bieten Wohnungen für Behinderte und eine Wohngemeinschaft für Menschen mit Demenz. Nachbarn helfen sich im »Haus im Viertel«, sie treffen sich zum Sport oder zum Gespräch, zu Theater und Musik. Obendrein finden sich in den Häusern ein Restaurant, eine buddhistische Glaubensgemeinschaft, die Volkshochschule und ein Kinderhaus.

Die Mischung des Hauses im »Viertel« ist besonders bunt, doch auch im Hochhausviertel lassen sich Menschen zusammenbringen: In Osterholz-Tenever betreibt die Bremer Heimstiftung das »Stadtteilhaus OTe« in einem 13-Geschosser mit einer Pflege-WG sowie einzelnen Apartments mit »Service-Wohnen« (Raumwunder 31 und 34). Um die Ecke befinden sich eine Tagespflege sowie ein Mütterzentrum, das auch einen Mittagstisch anbietet.

Ob »Haus im Viertel« oder hier das »Stadtteilhaus OTe«, es geht darum, dass Menschen zusammenkommen.

39. Kommunen & Ökodörfer

Wohnprojekte teilen über die Räume hinaus Dinge und Ideen, Kommunen teilen sogar ihren Besitz und ihr Geld. Das ist zumindest die Grundidee einer Kommune, im Namen verwandt mit dem Kommunismus. Eine zugespitzte Definition liefert die »antifaschistische Stadtkommune« auf ihrer Webseite: »Unter ›Kommune‹ verstehen wir eine gemeinsame Ökonomie, sprich die Abschaffung individualisierter Existenz und von Privateigentum«.

Nach solchen Leitlinien leben teilweise seit Jahrhunderten einige Gemeinschaften: religiöse, politische (wie die Kommune 1 in Berlin) oder ökologische. Einen aktuellen Überblick bietet das Netzwerk Kommuja mit über dreißig Kommunen auf dem Land und in der Stadt.

In Nordhessen gründete sich Ende der 1980er-Jahre die Kommune Niederkaufungen: Heute leben dort etwa achtzig Menschen, davon ein Viertel Kinder und Jugendliche. Viele zogen aus Großstädten wie Hamburg hierher, stiegen aus herkömmlichen Berufen aus und arbeiten nun in der Gemeinschaft, etwa im Gemüsebaukollektiv, der Schreinerei oder im Tagungshauskollektiv.

Im Ökodorf Sieben Linden in Sachsen-Anhalt, gegründet 1997, leben hundert Erwachsene und vierzig Kinder auf einem Grundstück mit 80 Hektar. Sie versorgen sich weitgehend selbst und bauen ihre Lebensmittel vor Ort an. Viele kochen und essen zusammen.

Ökodörfer und Kommunen überschneiden sich: Unter den gut vierzig Ökodörfern, die das Netzwerk »Global Ecovillage Network« auflistet, finden sich Landkommunen ebenso wie Ökohäuser in Städten. Es sind extreme Formen gemeinschaftlichen Wohnens, doch auch bei klassischen Wohngemeinschaften müssen sich alle darüber einigen, wie sie miteinander leben. Darum lohnt ein Blick darauf, wie man welche Räume teilt (Raumwunder 40 und 41) und wie das konkret aussehen kann.

Den Besitz teilen, bescheiden leben – dieser Leitlinie von Kommunen können Sie im Kloster folgen. Probieren Sie es im Urlaub aus. Angebote finden Sie auf www.kloster portal.org.

Besitz teilen – diese Idee schreckt manchen ab. Nähern Sie sich schrittweise und beginnen Sie beim Entrümpeln: Manche Dinge wollen Sie zwar nicht entfernen, wissen aber, dass Sie sie eigentlich nicht brauchen. Genau diese Dinge können Sie gut mit anderen teilen. Dann sind sie nicht mehr ganz da, aber nicht weg.

Einen Teil der etwa achtzig
Bewohner der Kommune
Niederkaufungen sehen
Sie oben links. Regelmäßig
trifft man sich zum Plenum
(oben rechts).

40. Räume miteinander teilen

Wer Räume teilt, spart Platz und hat doch mehr davon. Was sich anhört wie ein Widerspruch, ist ganz logisch – wenn jeder Küche und Bad nur für sich nutzt, verbraucht er mehr Fläche. Aber welche Räume möchten wir gemeinsam nutzen? Das fragten sich die Mitglieder des Wohnprojekts R50 in Berlin:

- Die meisten wollten Gästezimmer teilen, eine Gemeinschaftsküche und eine Werkstatt, Gartenschuppen und Fahrradraum.
- Viele dachten daran, gemeinsam Arbeitsplätze zu nutzen, dazu eine Bar und eine Sauna.
- Manche mochten außerdem einen Kinderraum und einen Yogaraum teilen, einen Baderaum und eine Waschküche.

Gemeinsam kann man sich Räume leisten, die sonst nie möglich wären, das zeigen Wohnprojekte wie Wagnisart in München (siehe Text zu »Das schöne Beispiel«). Geradezu luxuriös wirken die gemeinschaftlichen Räume in einer Siedlung mit Sozial-

Im vierten Stockwerk verbinden Brücken die Gebäudeteile des Wohnprojekts Wagnisart in München.

Zwei von vier Musikräumen, die sich dreihundert Bewohner im Wagnisart-Ensemble teilen.

wohnungen, dem Wohnpark Alt-Erlaa in Wien: Im Inneren dreier gigantischer Wohnblöcke für zusammen zehntausend Menschen befinden sich zweiunddreißig Klubräume, sieben Spielplätze und sieben Hallenbäder. Auf den Dächern des 27. Stockwerks locken sieben weitere Schwimmbäder.

Auch in normalen Stadtvierteln können sich Nachbarn nahekommen: Probieren Sie überall, Räume miteinander zu teilen. Gäste kommen beim Nachbarn unter, und vielleicht lässt sich dort sogar ein Gemeinschaftsraum für die ganze Nachbarschaft einrichten.

> **Erleben Sie ein Wohnprojekt und übernachten Sie im Gästezimmer – im Wagnisart und anderen Wagnis-Projekten in München, in der Kalkbreite oder im Hunziker Areal in Zürich.**

DAS SCHÖNE BEISPIEL:
Gemeinsam wohnen

Wie das Wohnprojekt Wagnisart die Menschen verbindet, zeigen Brücken in Höhe des dritten und vierten Stockwerks: Über sie wandert man von einem der fünf Häuser zum nächsten. Hier und da locken Dachgärten, Tische und Bänke, und aus dem Fenster einer Clusterwohnung (Raumwunder 41) wird an manchen Tagen Wasser und Bier ausgeschenkt. Diese Dach- und Brückenlandschaft nutzen dreihundert Bewohner von Wagnisart, einem Projekt der Wohnbaugenossenschaft Wagnis in München. Die wurde im Jahr 2000 gegründet und zählt schon knapp zweitausend Mitglieder. 420 Wohnungen entstanden bislang in fünf Wohnprojekten, das sechste und siebte folgen 2018/19.

Gemeinsam nutzen die Wagnisart-Bewohner im Erdgeschoss einen Waschraum mit Teeküche und ein Nähzimmer. Zwei Höfe öffnen sich zur Nachbarschaft, mit Veranstaltungsräumen und einem genossenschaftlichen Gasthaus.

Obendrein teilen die Bewohner Gästeräume, Werkstätten, einen Toberaum, einen Baderaum mit Sauna und gleich vier Musikräume. Wie die Menschen im Wagnisart Räume teilen, schildert der Text »65 Quadratmeter für zwei, zehn und hundert Menschen«, 2017 Preisträger beim Wettbewerb »Berlin plant immer noch«. Diesen schrieb das Museum der Dinge aus und knüpfte damit an einen Wettbewerb von 1946 an: »Berlin plant« fragte in der Nachkriegszeit, wie vier Personen auf 65 Quadratmetern unterkommen. Wie viele Menschen können heute auf dieser Fläche wohnen?

Die Antwort des prämierten Textes lautet: »Auf 65 Quadratmetern finden zwei Menschen: Einen Wohnraum und einen Schlafraum, eine Kochecke, eine Küche, ein Bad und ein Gästebad, ein Gästezimmer und einen Versammlungsraum, ein Musikzimmer oder zwei, einen Werkraum und einen Waschraum – all das auf nur 65 Quadratmetern für zwei Menschen, wenn sie den Raum teilen: (...) Auf 45 Quadratmetern erstrecken sich ein großer Wohnraum mit Kochnische und ein kleiner Wohn- und Schlafraum, ein Bad und ein Gäste-WC. Zehn Quadratmeter pro Person sind der Anteil der gemeinschaftlich genutzten Fläche, und auch diese teilt sich auf – wenn zehn Nachbarn sich zusammentun, können sie auf 50, 60 Quadratmetern großzügig kochen und essen, trinken und reden. Weitere 400 bis 800 Quadratmeter aber dienen dem ganzen Wohnensemble mit zweihundert Menschen dazu, all jene Räume anzulegen, die man gut mit vielen anderen teilen kann.«

Informationen zu Wohnprojekten bieten die folgenden umfangreich bebilderten Bücher und Kataloge:

- »Wohnvielfalt. Gemeinschaftlich wohnen – im Quartier vernetzt und sozial orientiert«

- »Bauen und Wohnen in Gemeinschaft«

- »Together! Die neue Architektur der Gemeinschaft«

- »CoHousing Inclusive: Selbstorganisiertes, gemeinschaftliches Wohnen für alle«.

Die Bewohner des Wagnisart-Wohnprojekts in München gärtnern gemeinsam auf dem Dach; entspannen können sie auf den Liegen (unten rechts). Platz für eine Tischtennisplatte findet sich in einem der Treppen-häuser (unten links).

41. RAUMWUNDER

Clusterwohnen

Private und gemeinschaftliche Räume kombiniert das Cluster-wohnen, ein sperriger Begriff für eine »Wohnungen-Gemein-schaft«: Wie im Wohnprojekt Wagnisart teilen fünf bis zehn Menschen einen Gemeinschaftsraum und eine große Küche, aber jeder einzelne nutzt ein eigenes Apartment mit ein oder zwei Zimmern, Bad und Kochnische. Dort kocht jeder seinen Kaffee, wenn er keine Lust hat, andere zu sehen. Wer die Mit-bewohner treffen möchte, gelangt aus seinen Zimmern direkt in die Küche und den gemeinschaftlich genutzten Raum: Diesen statten die Bewohner je nach Cluster unterschiedlich aus; die einen lassen Tischler etwas Schickes bauen, die anderen legen selbst Hand an. Im einen Cluster dient der Gemeinschaftsraum als Ess- und Wohnzimmer, im anderen auch als Atelier, Büro oder Werkstatt.

Manche stellen in ihre Küche einen tollen Herd und gleich drei Kühlschränke für gemeinsame und getrennte Lebensmittel. Clusterwohnungen in anderen Wohnprojekten vereinen bis zu zwanzig Bewohner, etwa in Schweizer Genossenschaften wie Kalkbreite und Kraftwerk sowie im Spreefeld Berlin.

> Mit anderen die Kü-che teilen wie beim Clusterwohnen, das können Sie testen – und zwar mit Fremden: Über das Online-Portal www.cookasa.com können Sie sich mit anderen zum Kochen verabreden.

42. RAUMWUNDER

Treffen & Wohnen

»Eigentlich hätte ich noch ein Zimmer frei ...«, denkt mancher, ist aber zu träge, es zu vermieten. Das ändert sich erst, wenn jemand auf einen zukommt und nachfragt – und das ist ab 2015 passiert, als immer mehr Flüchtlinge kamen. Die Ideen der dabei engagierten Initiativen könnten zukünftig allen helfen.

In Oldenburg organisierte die Gruppe »Treffen & Wohnen« ein wöchentliches gemeinsames Abendbrot: In lockerer Runde trafen Wohnungssuchende auf diejenigen, die Platz frei hatten. Wer ein Zimmer untervermietet, möchte gern wissen, mit wem er es zu tun hat; darum hilft es, sich erst einmal zu treffen und Vermitt-ler dabei zu haben.

ZSAMME GOHTS BESSR

83

KONSTANZ INTEGRIERT

Start von »83 Konstanz integriert« mit dem Ziel, 83 Flüchtlinge privat unterzubringen – es ist gelungen.

In Konstanz starteten Anfang 2016 die Vermittler von »83 Konstanz integriert« mit einem großen Ziel: 83 Flüchtlinge sollten privat untergebracht werden, einer pro tausend Einwohner der Stadt Konstanz. Die Initiative bringt Mieter und Vermieter zusammen, kümmert sich um Behörden und den Mietvertrag und ein Pate begleitet alles drei Monate lang. Diese Rundum-Versorgung trug zum Erfolg bei – im Juli 2017 waren die 83 Vermittlungen erreicht! Inzwischen naht die 100. Vermittlung, ermöglicht durch Spender, die Stadt und engagierte ehrenamtliche Helfer.

Der Anlass für die Konstanzer waren die Flüchtlinge, aber ihr Thema geht jeden an: An jedem Ort und zu jeder Zeit sollten sich Menschen zusammentun, um Platz für Wohnungssuchende zu finden.

43. Umziehen

RAUMWUNDER

Ihre Wohnung ist zu groß? Ziehen Sie um! Mit den überflüssigen Räumen verschwinden viele Sorgen. Obendrein tun Sie denjenigen etwas Gutes, die in Ihrer alten Wohnung glücklich werden. Nicht zuletzt tragen Sie zu grünen Städten bei: Wenn bei jedem zweiten Umzug zehn Quadratmeter nicht benötigte Fläche frei würden, wäre mit umgerechnet 250.000 Wohnungen fast so viel Raum gewonnen, wie derzeit durch sämtliche Neubauten entsteht.

Der Umzug kostet Zeit und Geld, doch mit jedem Monat in einer kleineren Wohnung gewinnen Sie beides zurück. Ihre Möglichkeiten hängen davon ab, ob Sie Eigentümer, Genossenschaftler oder Mieter sind:

- Als Eigentümer erleichtert Ihnen der Verkauf von Wohnung oder Haus, ein neues Zuhause zu finden.
- Bei einer Wohnungsgenossenschaft bekommt man eigentlich erst bis zu drei Jahre nach dem Auszug das Geld für seine Anteile zurück, während die beim Einzug in eine neue Genossenschaft sofort fällig werden. Doch über vierzig Genossenschaften erleichtern den Umzug zwischen ihren Wohnungen, indem dort nur die Anteile übertragen werden (siehe Serviceteil).
- Für Mieter schildert das nächste Raumwunder Möglichkeiten zum Wohnungstausch.

Ein Foto von der Seite www.umzug.org mit Tipps zum Umziehen und Links zu Firmen des Bundesverbands Möbelspedition und Logistik (AMÖ) e. V.

44. Wohnungstausch

RAUMWUNDER

Der eine benötigt eine *kleinere* Wohnung, der andere eine *größere*, warum also nicht tauschen? Das ist die Idee der Online-Portale www.homeswopping.de und www.tauschwohnung.com: Dort kann man in einigen Großstädten seine alte Wohnung anbieten und Tauschpartner für eine neue suchen. Allerdings müssen die jeweiligen Vermieter zustimmen.

Einfacher wird es, wenn der Vermieter bei beiden derselbe ist: Einige Wohnungsunternehmen helfen, innerhalb ihres Bestands zu wechseln. Bei den 220.000 Wiener Gemeindewohnungen können Sie Tauschpartner online suchen. Tauschbörsen betreiben auch kleinere Wohnungsgesellschaften. Die WWS Herford berät die Mieter ihrer etwa 3.800 Wohnungen beim Umzug. 222 Umzüge betreute sie von 2014 bis 2016: Etwa 60 Mietern war die Wohnung zu groß geworden, etwa weil die Kinder auszogen oder der Partner; etwa 80 Mieter brauchten eine größere Wohnung. Manche Bewohner wollten weniger Treppen steigen oder gleich ins Erdgeschoss ziehen.

Die LEG Immobilien in Nordrhein-Westfalen fördert Platzsparen: Sie garantiert den Mietern ihrer 130.000 Wohnungen beim Umzug in eine kleinere Wohnung die alten Konditionen, vor allem den Quadratmeterpreis!

Umzugsprämien bieten die Berliner landeseigenen Wohnungsgesellschaften, der Erbbauverein Köln und die Gewoba Potsdam (siehe Serviceteil). Wo auch immer Sie wohnen: Fragen Sie Ihre Vermieter, ob die den Umzug in eine kleinere Wohnung fördern, und suchen Sie sich Tauschpartner.

Vorsicht beim Umzug: Betrüger bieten ihn für wenig Geld an, aber wenn alles im Wagen ist, wird nachgefordert. Prüfen Sie daher die Firmen: Gibt es eine Anschrift, eine Webseite, Referenzen?

Den Schlüssel zum Wohnungstausch finden Sie auf Portalen wie www.tauschwohnung.com.

45. Coworking

Teilen Sie ein Büro mit anderen, etwa als Freiberufler, dann sparen Sie Geld und arbeiten nicht allein: Mit anderen entsteht vielleicht ein neues Projekt oder sogar eine Firma!

Einen Platz mit anderen im Büro vermitteln professionelle Coworking-Anbieter, die unterschiedliche Vorgeschichten haben: Manche entstanden aus der Idee, dass Menschen mehr als ein Büro teilen. Andere haben erkannt, dass es sich lohnt, ein großes Büro günstig anzumieten und viele kleine Arbeitsplätze teurer zu vermieten. So oder so finden Sie meist neben einem Schreibtisch Nützliches zum Arbeiten, vom Drucker bis zum Konferenzraum, und Angenehmes vom Tischkicker bis zum Café – und da entstehen oft die besten Kontakte und Ideen.

Schon traditionsreich ist mit bald zehn Jahren das Betahaus Berlin; hier arbeiten auf über 2.000 Quadratmetern etwa 150 Menschen. Coworking-Flächen von 13.000 Quadratmetern für fast 2.000 Leute eröffnet 2018 am Potsdamer Platz in Berlin das US-amerikanische Unternehmen Wework.

Es expandiert rasant und hat Anfang 2018 in Deutschland sieben Standorte in Berlin, Frankfurt und Hamburg, vier weitere sind bereits angekündigt, darunter München. Weltweit betreibt das Unternehmen in über fünfzig Städten über zweihundert Standorte. Die »Coworker« trennen Arbeiten weniger klar von Freizeit und Wohnen, und so gehört Wework zu den ersten Co-Living-Anbietern (Raumwunder 35).

Coworking kommt gut an: Weltweit gibt es laut einer Studie des Deskmag-Magazins 14.000 Standorte. In Deutschland seien bereits sieben Prozent aller Bürovermietungen Coworking-Spaces.

Übrigens: Wer die Coworking-Spaces von Spacious in New York nutzt, kann nach der Arbeit sitzenbleiben und gut essen: Die Firma mietet vierzehn Räume von Restaurants, die tagsüber nicht genutzt werden.

Zusammen im gleichen Raum arbeiten, geht das? Selbst wenn Sie mit nur einer Person das Büro teilen wollen, fragen Sie sich gegenseitig: Wer braucht Ruhe – wer muss viel telefonieren? Stört es Sie, wenn jemand am Schreibtisch nebenan telefoniert?

Diese Räume entstanden 1890 in Manhattan als Teil eines Hotels; unter dem Glasdach (unten) wuchsen Palmen. Seit 2014 befindet sich hier das Restaurant The Milling Room – wenn es geschlossen hat, vermittelt die Coworking-Firma Spacious den Platz zum Arbeiten.

Altes Haus lädt ein: Feinkost Käse Friese
in Oldenburg – altes Haus steht leer:
Stubenrauchstraße in Berlin (oben rechts).

Stadt:
Häuser neu nutzen

Viele junge Menschen ziehen vom Land in die Großstädte – diese können den Ansturm kaum verkraften und die letzten Freiflächen werden bebaut, während in Dörfern und Kleinstädten Häuser leer stehen. Hier zu *viel Platz* und Leerstand, dort *zu wenig Platz* und bedrohter Freiraum. Gegen beides können Sie etwas tun: Es gibt Raumwunder, um alte Häuser zu beleben, und andere, um Freiflächen zu bewahren. Es geht um Großes, aber das beginnt im Kleinen, bei uns zu Hause.

Wer Platz bei sich selbst gewinnt, schützt letztlich auch Freiräume in der Stadt: Erst entrümpeln, dann mit neuen Mitbewohnern und den Nachbarn zusammenrücken und schließlich gemeinsam bedrohtes Grün retten. Nachdem leere Zimmer und Wohnungen wieder nützlich wurden, kommen leere Häuser dran. Wir können sie gemeinsam kaufen oder besetzen, besitzen und vermieten. Alte Häuser neu nutzen hilft dabei, woanders Freiräume zu bewahren.

Es gelingt nicht immer, ein leeres Haus zu retten, doch wenn wir es versuchen, bilden wir zumindest eine Gemeinschaft mit Gleichgesinnten. Und falls es gelingt, bewahren wir ein Stück gebaute Geschichte.

Wo steht etwas leer? Die Initiative der Leerstandsmelder hilft. Es gibt sie in etwa 30 Städten in Deutschland, dazu in Basel, Salzburg und Wien: www.leerstands melder.de

46. Einkaufen beim Händler nebenan

Wenn im Ort der Bäcker zumacht und der letzte »Tante-Emma-Laden«, die Kneipe und der Markt, verschwinden auch die Treffpunkte der Nachbarn. Darum zeigen die folgenden drei Raumwunder, wie wir durch die Art unseres Einkaufens leere Läden verhindern, Dorfläden neu gründen (Raumwunder 47) und Bauernhöfe retten (Raumwunder 48). Gleichzeitig schützen wir dadurch die Grüne Wiese, wo sonst Großmärkte und Fachmarktzentren entstehen oder die Lagerhallen von Onlinehändlern.

Wer lokal einkauft, rettet Freiflächen, bewahrt Treffpunkte und hält so Städte lebendig.

So retten Sie Äcker, Wiesen und Freiflächen und beleben die Läden im Stadtviertel: Sie helfen ihnen mit jedem Euro, den Sie beim Bäcker oder Buchhändler nebenan ausgeben, doch Sie schaden ihnen mit jedem Klick beim reinen Onlinehändler. »Amazon ist keine Stadt«, sondern die besteht aus Blumenhändler und Modeladen, Schuhgeschäft und Drogerie, Bioladen und Supermarkt. Wir kennen den netten jungen Mann von Kasse 4 und wir trinken nach dem Einkauf auf dem Markt noch einen Kaffee mit Freunden. Außerdem macht es Spaß, sich vom Fachhändler beraten zu lassen, zu dem eines Tages auch unsere Kinder gehen.

Nicht im Gewerbegebiet, sondern hier schlägt das Herz der Stadt: Marktplatz beim Rathaus Oldenburg.

Dieses Geschäft in Wagen in der Schweiz musste 2017 schließen, weil der Umsatz nicht reichte. Anderswo betreiben Bürger ehrenamtlich Dorfläden.

Dorfladen gründen

Für die großen Ketten lohnt sich in Ihrem Dorf kein Lebensmittelladen mehr? »Lohnen« kann es sich aber für die Bewohner, ein Ladenlokal zu übernehmen und einen Dorfladen zu gründen: Dann bekommen sie wieder einen Platz zum *Einkaufen*, was besonders für diejenigen wichtig ist, die weniger mobil sind. Darüber hinaus trifft man sich zum *Plaudern*. Obendrein können die Dörfler mit dem Laden zumindest ein bisschen *Geld verdienen*, wenn viele mithelfen.

Bereits zweihundert Dorfläden haben Bürger gegründet, organisiert in Vereinen, manchmal mithilfe der Gemeinden. Etwa fünfzig der Läden finden Sie im Dorfladen-Netzwerk (www.dorfladen-netzwerk.de). Wenn bei Ihnen der Dorfladen fehlt, gründen Sie einen. Falls es schon einen Dorfladen gibt, kaufen Sie dort ein.

47. RAUMWUNDER

Mit den Lieferautos versorgt Bauer Diers in Oldenburg 3.000 Kunden mit Milch und Joghurt.

48. RAUMWUNDER

Milch & Gemüse vom Bauern liefern lassen

Beim Hoffest erleben viele Stadtkinder zum ersten Mal einen Bauernhof, toben durchs Heu, sehen die Schweine und hören die Hühner. Wie aufregend es ist, genau *die* Kuh zu streicheln, von der die Milch ins eigene Haus kommt! Denn bis an die Haustür liefern manche Bauern Milch, Joghurt und Quark; andere bieten ein Gemüsekisten-Abo.

Beziehen Sie Milch und Gemüse vom Bauern aus der Nähe, denn das ist nicht nur gesund und lecker: Regionale Lebensmittel vermeiden lange Transportwege und sind darum gut für die Umwelt. Schließlich bewahren Sie damit die Bauernhöfe und verhindern, dass Scheunen und Bauernhäuser leer stehen.

Sie finden etwa 50 Bauernhöfe, die Milch direkt ins Haus liefern, beim Bundesverband BMV auf www.milch-und-mehr.de

Warum steht Opas Haus leer?

Manchmal öffnen einem erst die Kinder die Augen, so auch im österreichischen Silz: Der Ort bei Innsbruck mit zweieinhalbtausend Einwohnern beklagte viele leer stehende Häuser. Als Helfer holte man den Architekten Peter Knapp, und der fing mit den Kindern an. Er ließ sie Bilder von Häusern malen und fragte »In welchem Haus sollen Deine Oma und Dein Opa wohnen, wenn sie nach Silz kommen?« Schließlich organisierten sie eine Ausstellung mit 160 Bildern.

Eltern und Großeltern schauten sich an, was die Kleinen gemalt hatten. Beim Anblick der Bilder von alten Häusern sprachen nun auch die Älteren darüber und sahen anders auf ihren Ort: Jetzt wurde manchem erst bewusst, wie viele Häuser leer standen. In der folgenden Zeit wurden mehr als zwei Dutzend leer stehende Häuser saniert und neu genutzt.

Ein Kinderbild allein rettet kein Haus, aber damit kann es anfangen. Überlegen Sie, ob in Ihrer Familie ein Haus leer steht, und sehen Sie es mit den Augen der Kinder. Warum steht Opas Haus leer? Wie wollen wir unsere Heimat den Kindern übergeben? An sie zu denken, bedeutet nicht, ein Haus leer stehen zu lassen, weil vielleicht eines Tages Enkel dort einziehen könnten, die noch nicht einmal geboren sind, – sondern die alten Häuser zu nutzen und zu erhalten. Um leere Häuser zu finden, reicht manchmal schon ein Spaziergang.

Schulkinder malen Häuser des Ortes Silz in Tirol, manche stehen leer.

Ideen in der Box, Plan auf dem Boden: das gehört zu den Ideenwerkstätten des Büros Nonconform.

IDEEN BOX
HIER EURE IDEEN EINWERFEN

50. RAUMWUNDER

Leere Häuser beim Spaziergang füllen

Als im Herbst 2015 viele Flüchtlinge kamen, mussten sie schnell untergebracht werden, und so entstanden erstaunliche Ideen. In Neumarkt bei Salzburg begannen die Helfer von »Neumarkt für Menschen« die Suche nach leer stehenden Wohnungen mit einem Spaziergang: Sie gingen durch die Straßen und notierten, wo noch Platz frei sein müsste, sprachen dort mit den Eigentümern und konnten tatsächlich leere Räume neu beleben.

So einfach, wie es sich liest, war es zwar nicht, denn die Helfer mussten die Eigentümer treffen, sich deren Wünsche und Möglichkeiten anhören und nicht zuletzt die Räume selbst anschauen; dafür sind sie auch mit dem Auto gefahren und haben manchmal vorher schon Tipps erhalten. Trotzdem zeigt diese Geschichte einen überraschend schlichten ersten Schritt, um Wohnraum zu schaffen: Gehen Sie mit Nachbarn spazieren und entdecken Sie Leerstand.

DAS SCHÖNE BEISPIEL:
Ein Dorf wird lebendig

Die Zukunft beginnt am Biertisch, denn die besten Ideen entstehen im Gespräch – unter diesem Motto stehen die Ideenwerkstätten des österreichischen Büros nonconform. »Eigentlich ist nonconform ein Architekturbüro«, schreiben sie, denn uneigentlich sind sie Gastwirte, Netzwerker, Ideenverstärker.

Die Planer gehen drei Tage in die Gemeinden, bauen ein provisorisches Büro auf und »laden alle Bürger herzlich ein, ihre Ideen und Visionen für ein Bauvorhaben einzubringen.« Da wird geredet, gemalt, gesponnen, und so entstehen Pläne für ein besseres Leben im Ort. Gegessen und getrunken wird auch, und so kommen die Menschen zusammen. Gemeinsam entwickeln sie die Pläne für ein neues Ortszentrum oder den Umbau eines Stadtviertels, und sie tragen die Ideen mit, weil es ihre eigenen sind.

Bei Kaffee und Pfirsichsaft diskutieren Bürger bei einer Ideenwerkstatt die Zukunft ihres Ortes.

51. RAUMWUNDER

Alte Häuser erhalten

Sie schützen Ihr Haus am besten, indem Sie es nutzen. Aber denken Sie oder Ihre Eltern über die Zukunft des alten Familienhauses nach? Dann verkaufen Sie es nicht meistbietend an einen Investor: Der hat es oft nur auf das Grundstück abgesehen und reißt alles ab. Schenken oder vererben Sie das Haus stattdessen einer Stiftung, die es erhält und sinnvoll nutzt.

Dafür können Sie zum Beispiel die Stiftung Trias ansprechen, die Spekulation verhindert, mit den Häusern ökologisch umgeht und gemeinschaftliches Wohnen fördert. Sie arbeitet übrigens derzeit mit der Interessengemeinschaft Bauernhaus an einem Sondervermögen für restaurierte Häuser auf dem Land.

Das folgende Dutzend Raumwunder zeigt, wie Sie alte Häuser erhalten können: Ziehen Sie in ein heruntergekommenes Haus (Raumwunder 52), kaufen Sie es (Raumwunder 53), vielleicht gemeinsam mit Ihren Nachbarn (Raumwunder 54), oder kaufen Sie als junge Leute ein altes Haus (Raumwunder 55). Stattdessen können Sie sich ein Haus auch schenken lassen (Raumwunder 57) oder eines besetzen (Raumwunder 58). Dabei geht es nicht darum, wie schön das Haus ist, denn wahre Schönheit muss entdeckt werden (Raumwunder 59). Wie wäre es, dorthin zurückzuziehen (Raumwunder 62)? So oder so: Handeln Sie mit anderen, vermieten Sie gemeinsam Zimmer in Ihrem Stadtviertel (Raumwunder 56) und entdecken Sie alle Raumwunder zusammen (Raumwunder 63).

> Mancher lässt sein altes Haus leer stehen, um es später den Kindern oder gar Enkeln zu überlassen: Wie oft kommen die Kinder zu Besuch? Werden sie tatsächlich zurückziehen? Wäre es nicht schöner, wenn das alte Haus genutzt würde?

52. RAUMWUNDER

In heruntergekommene Häuser ziehen

Nur ein britisches Pfund kosteten heruntergekommene Häuser im britischen Stoke-on-Trent und in Liverpool. Genau genommen mussten sich die Käufer aber verpflichten, die Häuser für etwa 30.000 Pfund zu renovieren. Diesen Betrag können sie über zehn Jahre abzahlen, das macht wenige Hundert Euro im Monat.

Die Wächterhäuser in Leipzig (Bilder oben) hätten leergestanden, aber der Verein Haushalten e. V. vermittelte Zwischennutzer (Text nächste Seite). Nach diesem Vorbild werden auch beim »Haushüten« in Wuppertal Räume renoviert (unten links).

Die Stadt Stoke selbst hat drei Dutzend verfallene Häuser *gekauft* und als Ein-Pfund-Häuser *verkauft*, um Stadtviertel zu beleben; in Liverpool waren es sogar über hundertfünfzig teils zum Abriss vorgesehene Häuser. Bedingung: die Erwerber ziehen ein und leben dort mindestens fünf Jahre. Auch die niederländische Stadt Rotterdam kaufte heruntergekommene Häuser und verkaufte sie günstig als »Klushuizen« (Bastelhäuser) an Leute, die die Häuser herrichten und selbst einziehen.

Angebote zum Renovieren und günstig mieten in Wuppertal auf http://haushueten-wuppertal.de/angebote.

In Deutschland überlegt die Landesinitiative Stadtbaukultur NRW, wie das Klushuizen-Modell umgesetzt werden kann. Mit dem »Haushüten« klappte eine ähnliche Idee in Wuppertal, vermittelt vom Büro für Quartierentwicklung: Eine seit sechs Jahren leer stehende Wohnung wurde zwar nicht verkauft, aber vermietet. Die Bewohnerin renoviert die Räume und erhält sie für anderthalb Jahre besonders günstig; danach bleibt die Miete zehn Jahre auf ortsüblicher Höhe.

Eines der Vorbilder für die Wuppertaler waren die Leipziger *Wächterhäuser*: Der Verein »Haushalten e. V.« überzeugte Eigentümer, leer stehende Häuser für begrenzte Zeit zu vermieten, oft auf fünf Jahre. Auf diese Weise verhinderten meist junge Leute den Verfall der Häuser. Heute gibt es kaum noch Wächterhäuser, weil in Leipzig kaum noch etwas leer steht. Stattdessen vermittelt der Verein in Leipzig Ausbauhäuser: Die Bewohner bauen sie selbst aus und zahlen dafür wenig Miete. Ähnliche Angebote finden Sie auch in manchen kleinen Orten, von Altenburg bis Zeitz. Von den Bewohnern der Leipziger Wächterhäuser dagegen kauften einige gemeinsam ihre Häuser.

53. RAUMWUNDER Kollektivhäuser kaufen

Jahrelang standen in Leipzig Tausende Wohnungen leer, verfielen Häuser und ganze Straßenzüge, weil immer weniger Menschen in der Stadt wohnten. In dieser Zeit freuten sich Eigentümer über Zwischenmieter, die alte Häuser bewachen und renovieren – doch in den letzten Jahren sind Zehntausende neu nach Leipzig gezogen, und viele Hauswächter fragten sich, wie es für sie weitergeht. Einige fassten einen beherzten Entschluss und kauften ihre Häuser. Über fünfzig Kollektivhäuser entstanden, die ihren Bewohnern gehören. Um das gemeinschaftliche Eigentum dauerhaft zu sichern, schlossen sich einige dem Mietshäuser Syndikat an (Raumwunder 36).

Falls Sie bereits gemeinschaftlich wohnen, in WGs, Wohnprojekten oder Mehrgenerationenhäusern, machen auch Sie Ihr Haus zum Kollektivhaus, um Ihre Ideen dauerhaft zu sichern. Wie das Mietshäuser Syndikat zeigt, gehen die Bewohner dann sparsamer mit der Wohnfläche um und schaffen Platz für andere.

Beratung für Wohn- und Hausprojekte in und um Leipzig bietet der Haus-WagenRat e. V., ein »Verein für selbstorganisierte Räume«: www. hwr-leipzig.org.

Gemeinsam mit Nachbarn ein Nachbarhaus kaufen

54. RAUMWUNDER

Stört es Sie auch, wenn in der Nachbarschaft Investoren alte Häuser kaufen, sie abreißen und durch große Neubauten ersetzen, die nicht ins Stadtviertel passen? Dann kaufen Sie gemeinsam mit Nachbarn ein Haus, um es zu erhalten, damit dort weiter Menschen wohnen! Oft fehlt nicht das Geld, sondern es fehlen Ideen, wenn jemand ein Haus erbt und selbst nicht einziehen will. Legen Sie mit einem Dutzend Nachbarn zusammen; vielleicht verkaufen die Eigentümer günstiger, weil sie es gut finden, dass ihr Haus erhalten bleibt. Womöglich hilft die Stadt, falls Sie bei der Vermietung soziale Zwecke verfolgen.

Gründen Sie einen Verein oder eine Genossenschaft, schließen Sie sich anderen an, lassen Sie sich beraten, und wenn keiner von Ihnen das Haus benötigt, vermieten Sie es weiter. Aber sehen Sie das nicht als Investition für großen Gewinn, sondern als Gelegenheit, Ihr Geld bei einer guten Sache zu parken. Auf der Bank bekommen Sie sowieso fast keine Zinsen, also können Sie stattdessen Sinn stiften.

55. RAUMWUNDER

Als junge Leute altes Haus kaufen

Kaufen Sie in Ihrer Stadt oder im Nachbarort ein altes leer stehendes Haus, dann erhalten Sie vielleicht einen Zuschuss – zumindest in über fünfzig Kommunen mit dem Programm »Jung kauft Alt«. Erfunden wurde es 2007 in Hiddenhausen bei Herford, wo damals viele Häuser leer standen und Menschen wegzogen. Manche Kommune hätte nun ein neues Baugebiet ausgewiesen, um Zuzügler anzulocken (und dann auf Dauer Geld ausgeben müssen, um neue Leitungen und Straßen zu pflegen). Stattdessen zahlt Hiddenhausen eine Prämie für diejenigen, die ein mindestens 25 Jahre altes leer stehendes Haus kaufen.

Zu Beginn gibt es bis zu 1.500 Euro für ein Gutachten zum Zustand des Altbaus. Danach fließt sechs Jahre lang ein Zuschuss an die Käufer, wenn sie tatsächlich dort wohnen: Wer mehr Kinder hat, bekommt mehr Geld, insgesamt bis zu weiteren 9.000 Euro. Hiddenhausen bezuschusste innerhalb von zehn Jahren den Kauf von gut 450 Häusern, in denen über fünfhundert Kinder leben. Anfangs waren es weniger: Etwa hundert Kinder wurden erst geboren, als die Familien in die alten Häuser gezogen waren!

Diese vierzehn Häuser im westfälischen Hiddenhausen fanden mithilfe »Jung kauft Alt« neue Bewohner.

Die Stadt Büren half den Bewohnern mit dem Programm »Jung kauft Alt«, dieses Gebäude von 1873 zu renovieren.

Zimmer gemeinsam vermieten

Mancher besitzt zwar leere Zimmer, vermietet sie aber nicht, weil es schiefgehen kann: Mieter zahlen nicht oder machen etwas kaputt, im schlimmsten Fall wohnen Mietnomaden so lange umsonst, bis man sie schließlich herausprozessiert. Um solchen Ärger zu vermeiden, bleiben viele Räume leer, vor allem wenn man die Miete nicht unbedingt braucht. Doch das schadet denen, die Wohnraum suchen, also was tun? Vermieten Sie Zimmer gemeinsam! Das gelingt in sechs Schritten:

1. Zusammentun: Verbünden Sie sich mit Nachbarn aus der Straße oder dem Viertel oder einer bestehenden Bürgerinitiative.
2. Bündeln: Schaffen Sie einen gemeinsamen Geldtopf und eine Rechtsform, zum Beispiel einen Verein oder eine Genossenschaft, oder schließen Sie sich bestehenden an und binden Sie andere ein, etwa Initiativen, die Stadt oder Gemeinnützige.

56. RAUMWUNDER

③ Anmieten: Mieten Sie alle freien Zimmer oder Einliegerwohnungen gemeinsam an, als Generalmieter (oder Zwischenmieter). Geld fließt erst, wenn der endgültige Mieter gefunden ist.

④ Organisieren: Entweder sucht jeder selbst Mieter für seine Räume oder das übernimmt für alle ein Kümmerer, der ehrenamtlich arbeitet oder bezahlt wird. Damit Vermieter und Mieter zusammenpassen, treffen und sprechen sich alle oder Sie entwickeln Fragebögen (Raumwunder 32).

⑤ Vermieten: Wenn der Mieter gefunden ist, schließt der Verein (der Generalmieter) den Mietvertrag ab.

⑥ Teilen: Alle Mieten fließen in *einen* Topf. Aus dem wird gegebenenfalls der Kümmerer bezahlt und die Miete an die Vermieter. Gemeinsam tragen alle das Risiko, dass die Miete ausfällt.

Das Haus steht leer, aber die Nachbarn wehren sich – mehr auf Blog http://leerstand-friedenau. blogspot.de.

Bereits die gemeinsame Auswahl der Mieter senkt das Risiko, wie bei »Wohnen für Hilfe« zu sehen (Raumwunder 29). Darum kommt es hoffentlich nicht zu Mietausfällen oder Schäden. Stattdessen bringt die Vermietung Geld, auch wenn es nicht allein darum geht, sondern um Leben in den Räumen.

Teile dieser Idee sind erprobt, indem ein Verbund (Verein, Verband, Kirche, Stadt) Räume anmietet (als Generalmieter oder Hauptmieter) und einzeln vermietet: Das gibt es bei Belegungsrechten für Sozialwohnungen, wo die Stadt als Hauptmieter auftritt, bei Räumen für Flüchtlinge und in Wohngemeinschaften und -projekten. Neu ist aber, Zimmer oder Wohnungen zu bündeln, die verstreut in verschiedenen Häusern liegen.

Haus schenken lassen

57. RAUMWUNDER

Suchen Sie einen schönen Wohnort und sind räumlich flexibel? Dann lassen Sie sich ein Haus schenken: Im sizilianischen Gangi, malerisch gelegen am Fuße des Ätna, stehen so viele Häuser leer, dass die Gemeinde sie verschenkt. Allerdings: ganz ohne Geld geht es dann doch nicht. Eine Bürgschaft über fünftausend Euro wird fällig. Die bekommen Sie jedoch wieder, wenn Sie innerhalb von drei Jahren anfangen, das Haus zu renovieren, was allerdings mehrere Zehntausend Euro kosten kann und viel Zeit. Aber die verbringen Sie angenehm: Gangi wurde 2014 zum schönsten Ort Italiens gewählt. Mehr Informationen dazu unter: http://www.comune.gangi.pa.it/sportellodoc/free_houses.pdf.

Häuser besetzen

58. RAUMWUNDER

Diese Überschrift ist natürlich scherzhaft gemeint, denn nie würde ich zu etwas Ungesetzlichem raten. Obwohl Hausbesetzungen nicht überall verboten waren: In den Niederlanden konnte man bis vor wenigen Jahren Häuser besetzen, die mindestens ein Jahr lang leer gestanden hatten, dann wurde die Besetzung nachträglich legitimiert. Die Eigentümer haben sich auffällig oft bemüht, kurz vor Jahresfrist leer stehende Räume zu vermieten.

Buchtipp: »Das ist unser Haus. Eine Geschichte der Hausbesetzung« von Barbara und Kai Sichtermann.

Manchmal kann man aber auch hierzulande in Versuchung geraten, ein Haus zu besetzen: So steht in Berlin Schöneberg in der Stubenrauchstraße / Ecke Odenwaldstraße ein Gründerzeithaus seit elf Jahren ganz leer (Bilder Seite 94/95). Es bietet 16 Zwei-bis-Fünf-Zimmer-Wohnungen, und eine Gruppe von Nachbarn würde daraus gerne ein gemeinschaftliches Wohnprojekt machen. Doch die Eigentümerin reagiert nicht, auch nicht auf Mahnungen der Politik und ein Bußgeld wegen Zweckentfremdung. Das Haus verfällt. Wenn es jemand instandbesetzen würde, könnte man das gut verstehen.

59. RAUMWUNDER

Genieße die »Bausünde«

Oft entscheidet ein einziges Bild in einer Wohnungsanzeige darüber, ob wir weiterklicken. Da hat es die vermeintlich hässliche Architektur der 1960er-Jahre schwer. Diese Häuser sehen zwar schlicht aus, sind aber meist clever aufgeteilt, mit gutem Grundriss. Zudem ändert sich der Geschmack: Was früher als hässlich galt, ist morgen schick. Ziehen Sie die Historisierung vor und setzen Sie ein Haus von 1960 so in Szene, als sei es von 1660, mit Fotos, Postkarten und einer Ausstellung.

Dieses Gebäude in Koblenz schaffte es zu Recht in Turit Fröbes Buch »Die Kunst der Bausünde«.

Heute würde man die Straße nicht über-
bauen, aber dennoch: Dieses Haus von 1974
am Bahnhofsplatz Oldenburg hat Klasse.

In einem Buch zeigt Turit Fröbe »Die Kunst der Bausünde«:
Auf den ersten Blick bietet sie eine Sammlung schrecklicher
Architektur, doch dann bleiben wir an manchen Bildern hängen.
Das sind die »guten Bausünden«, sagt Turit Fröbe, deren wahrer
Wert noch entdeckt wird.

Gönnen Sie sich bei der Wohnungssuche die volle Auswahl,
ohne Baustile auszuschließen (oder bestimmte Gegenden, dazu
gleich mehr). Schließlich sehen Sie aus dem Fenster nicht das
eigene Haus, sondern das gegenüber.

> **Lernen Sie Bausün-
> den schätzen, Turit
> Fröbe zeigt im Buch
> »Die Kunst der
> Bausünde« ihren
> wahren Wert.**

Kosten für Wohnen &
Fahren berechnen

Wer in ein vermeintlich preisgünstiges Haus am Stadtrand
ziehen möchte, sollte sich nicht selbst betrügen: Zumindest das
Geld spricht nicht unbedingt dafür. Das können Sie in manchen
Städten mit einem Womo-Rechner prüfen, einem Wohn-und-

Mobilitätskosten-Rechner. Er addiert zu den Kosten des günstigen Wohnens die Kosten der teuren Fahrten, die man für das Pendeln braucht. In einigen Regionen zeigen Mobilitätsrechner die Kosten- und Umweltbilanz verschiedener Arbeits- und Wohnorte (siehe Service). Unbezahlbar ist die gewonnene Gesundheit, wenn Sie Pendlerstress vermeiden.

61. RAUMWUNDER — Heimat neu entdecken

Mancher zieht nur wegen des schlechten Rufes nicht in bestimmte Städte oder Stadtviertel. Ihnen kommen jetzt vermutlich einige Orte in den Sinn – aber waren Sie schon mal dort? Fahren Sie in unterschätzte Gegenden und lassen Sie sich überraschen. Die Hotels sind dort oft sehr günstig.

Sie können mithelfen, einen verkannten Ort aufzuwerten. Werden Sie zum Heimatkundler und erforschen Sie ein Stadtviertel, ob Großsiedlung oder vermeintlich langweiliger Vorort: Starten Sie eine Facebook-Seite zu Ihrem Kiez und posten Sie Fotos, vom schönsten Baum bis zum Kiosk an der Ecke.

62. RAUMWUNDER — Zurück in die Heimat

Aus der Provinz nach Berlin oder München, viele suchen das coole Leben in den Metropolen. Doch die sind inzwischen voll und teuer, und man vereinsamt dort leicht. Da denkt mancher mit Wehmut an die Heimat, an alte Freunde, an die Oma. Soll sie ihre Enkel nur selten sehen, und sollen die Kinder in der fremden Stadt aufwachsen? Selbst der Hund vermisst Wiesen und Wälder. Die gute Nachricht: Noch nie war es so einfach, zurückzuziehen.

Zum einen gibt es in der Provinz mehr Platz als je zuvor: Da locken große Häuser zu einem Preis, für den man in München nur eine Garage bekommt. Zum anderen sind schon so lange so viele Menschen weggezogen, dass es jetzt in vielen kleinen Städten genug Arbeit gibt. Darum vermitteln Willkom-

Mach Mutti glücklich.

Komm zurück.

mensagenturen Wohnungen und Jobs und helfen beim Umzug, zum Beispiel im Harz, in der Elbe-Elster-Region und in der Uckermark. An Rückkehrertagen rund um Weihnachten umwerben Firmen die Weggezogenen, zum Beispiel in Nordsachsen und der Lausitz. Ersten Rat bekommt man am Rückkehrertelefon in Weißwasser.

Für den Wiedereinstieg organisieren manche Orte Rückkehrerstammtische. Wer den frischen Wind anderer Städte gespürt hat, bringt davon etwas mit zurück: Coole Cafés gibt es nicht mehr nur am Prenzlauer Berg. Und endlich ist man weg von der Hauptstadtarroganz.

Platz ist in der Provinz genug, trotzdem sollte man auch dort nicht rümpeln. Jetzt sehen Sie das Haus der Eltern mit anderen Augen und Ihnen fällt auf, was schon lange weg müsste. Es geht wieder los mit Raumwunder 1: Entrümpeln!

Mit dieser Postkarte haben die Fontanestadt Neuruppin und weitere Orte der Landkreise Ostprignitz-Ruppin und Prignitz um Rückkehrer geworben; Idee und Layout stammen von der Agentur perlenmädchen (www.perlen-agentur.de).

Katja und Henry Kling: Zurückgekehrt in die Lausitzer Heimat, erfolgreich mit Catering-Service und Café.

Rückkehrer-Porträt

Als Katja Kling und ihr Mann im Jahr 2000 nach Nürnberg zogen, zahlte ihnen die Gemeinde Schwarzheide im Süden Brandenburgs eine Wegzugsprämie von 2.500 Euro. Damals war die Stadt froh über jeden weniger, der nach Arbeit suchte, schreibt Ariane Böttcher auf der Webseite www.heimat-westlausitz.de, die heute genau dem Gegenteil dient: Menschen zurücklocken in die Region bei Cottbus.

Zu den Rückkehrern gehört Katja Kling, und das liegt zum Teil an den Kindern. In Nürnberg arbeitete sie nämlich als Köchin im Opernhaus und wollte das auch nach der Geburt ihres ersten Kindes. Für unter Dreijährige gab es aber kaum Kindergärten, und die Klings mussten sich mit einer Tagesmutter behelfen. Mit dem zweiten Kind wurde es nicht einfacher, und nach sieben Jahren in der Fremde zog Familie Kling zurück nach Schwarzheide. Kinderbetreuung ist dort wie fast überall in der einstigen DDR kein Problem, auch nicht für das dritte Kind.

Anfangs arbeitete Katja Kling in der Küche des Klinikums, doch dann gründete sie einen Catering-Service. Der läuft so gut, dass inzwischen auch ihr Mann bei ihr arbeitet, und sie beschäftigt bis zu sechs Mitarbeiter. Sie liefern unter anderem das Mittagessen für 510 Kinder in mehreren Kitas. Obendrein gründeten sie das »Café Lavendel, Glück & Landgenuss«.

Auf der Webseite www.heimat-westlausitz.de gibt es Informationen für Rückkehrer und Zuzügler – und Porträts von Rückkehrern wie Katja Kling.

Freiräume retten –
Bürgerbeteiligung fürs Nichtbauen

Engagieren Sie sich in einer Bürgerinitiative für eine Wiese, einen Kleingarten oder einen Park? Dann haben Sie sicher schon folgenden Vorwurf gehört: »Sie sind Egoisten und denken nicht an die Wohnungssuchenden, für die neu gebaut werden muss!« Einerseits sollte man sich solche Floskeln nicht zu Herzen nehmen, denn es ist völlig gerechtfertigt, sich dort zu wehren, wo es einen als Nachbar direkt betrifft. Andererseits bleibt ein schlechtes Gewissen in den beliebten Großstädten, wo viele Menschen nach Wohnungen suchen. Darum könnte eine Idee weiterhelfen, mit der sich beides vereinen lässt, Freiräume retten und Wohnungssuchenden helfen: Eine Bürgerbeteiligung für das Nichtbauen.

Viele Kleingärten in Großstädten sind gefährdet, weil immer mehr gebaut und »nachverdichtet« wird.

Viele Freiflächen werden bedroht, weil dort Wohnraum durch Neubau geschaffen werden soll. Stattdessen würde eine »Bürgerbeteiligung für das Nichtbauen« nach Wohnraum in Altbauten suchen.

Normalerweise gibt es eine Bürgerbeteiligung beim *Bauen*: Anwohner können ändern, *wie* gebaut wird, aber nicht verhindern, *dass* gebaut wird. Anders wäre das bei der Bürgerbeteiligung für das *Nichtbauen* – hier schaffen Bürger gemeinsam Platz und bieten das als Ausgleich dafür, dass die Freiflächen frei bleiben.

Die Idee ließe sich ungefähr so umsetzen: Beim Streit um Neubauten auf einer Grünfläche schlagen die Bürger vor, stattdessen selbst in Altbauten nach Wohnraum zu suchen, nach leer stehenden Wohnungen und unsichtbarem Leerstand in Form von ungenutzten Zimmern. Wie viel Wohnraum herauskommt und wieviel Neubau dadurch überflüssig wird, ergibt sich in vielen Gesprächen, unterstützt von Moderatoren. Das Ergebnis wäre das Angebot der Bürger an die Stadt: Wenn das Grün bewahrt wird und die Neubaupläne verschwinden, bringen sie Wohnungssuchende in bestehenden Häusern unter.

Die Bürger schaffen Wohnraum mit vielen Raumwundern: Es fängt damit an, gemeinsam zu entrümpeln. Dann folgen Einbauten und Umbauten, außerdem werden ungenutzte Zimmer durch Untermieter belegt oder als Einliegerwohnung und so weiter durch alle Raumwunder hindurch. Schließlich können die Bürger Zimmer gemeinsam vermieten. Retten Sie Wiesen und Parks in Ihrer Nähe und zeigen Sie, wie viel Platz in unseren Häusern steckt, wenn wir zusammenrücken!

Am Anfang steht das Nein zu Bauwut und Zersiedelung – am Ende steht das Ja zu Gemeinschaft und lebendigen Stadtvierteln.

Das wäre der Beginn einer neuen Umweltbewegung für sparsamen Umgang mit Platz. So sagt der Volkswirt und Wissenschaftler Reinhard Loske, Umweltbewegungen gingen vom »großen Nein« zum »großen Ja«; zum Beispiel führte das Nein zur Atomkraft zum Ja zu neuen Energien aus Wind und Sonne. Bei Freiräumen hieße das: Am Anfang steht das Nein zu Bauwut, Flächenverbrauch und Zersiedelung – und das führt zum Ja zu Gemeinschaft, besserer Nachbarschaft und lebendigen Stadtvierteln.

Am Augsburger Friedensfest 2013 beteiligte sich das Grandhotel Cosmopolis mit einem Balkontheater vor den Hotelzimmern, wie das Foto von Wolfgang Reiserer zeigt.

Einfach anders unterwegs

Das Hostelzimmer »Madonna«, gestaltet von der Künstlerin Claudia Weidenbach.

Wofür Hotelneubauten, wenn es schöne alte Häuser gibt? Genießen Sie ungewöhnliche Hotels, wo früher Räume leer standen. Packen Sie Ihren Koffer und merken Sie, was Sie wirklich brauchen – es ist gar nicht so viel. Darum entrümpeln Sie Ihre Sachen spätestens nach der Rückkehr.

Hotels mit und ohne Asyl

Das Grandhotel Cosmopolis in Augsburg bietet »Unterkunft für Gäste mit Asyl und ohne Asyl«: Neben Hotelgästen wohnen Asylbewerber. Das Konzept orientiert sich an der Idee der »sozialen Plastik« von Joseph Beuys – jeder soll den Raum erhalten, um sein Umfeld mitzugestalten, und wird dadurch zugleich mitverantwortlich für die gemeinsame Lebenswelt.

Das Grandhotel Cosmopolis ist räumlich und sozial mit einer staatlich geführten Unterkunft verbunden, betreut von der Diakonie. Das Cosmopolis läuft dank des Engagements von Freiwilligen und Akteuren mit und ohne Fluchthintergrund; Künstler gestalteten die 16 Zimmer. Das Hotel entstand in einem leer stehenden Seniorenheim.

Nicht nur diese Vergangenheit teilt das Grandhotel Cosmopolis Augsburg mit dem Magdas Hotel Wien: Dort arbeiten Menschen, die geflüchtet sind, und wohnen nebenan. Aufgemotzte Möbel schmücken 78 Zimmer. Die Caritas betreibt das Haus unternehmerisch, aber mit sozialem Anspruch.

64. RAUMWUNDER

Im Grandhotel Cosmopolis in Augsburg können Sie im »Zauberwald« übernachten, ein Hotelzimmer, gestaltet von der Künstlerin Petra Bossek.

65. Übernachtung im Grätzlhotel Wien

RAUMWUNDER

Leer stehende Läden verwandelten sich in Wien in schick designte Hotelzimmer: Das Grätzlhotel ist ein »Hotel« im Grätzl, also im Stadtviertel. Sie mieten dort zum Hotelzimmer umgebaute Ladenlokale, die Erinnerungen an die früheren Einzelhändler bergen, an den Elektriker, den Lampenladen, die Bäckerei. Zum Essen gehen Sie in eines der Restaurants um die Ecke. In den 21 Ladenlokalen in drei Wiener Grätzl fühlen Sie sich weniger wie im Hotel, mehr wie zu Hause.

Die neuste Idee der Grätzlhotel-Macherinnen: Die Etagerie – in einem schlichten Hochhaus verbergen sich Apartments, die für einen längeren Aufenthalt in Wien gedacht sind; schick ausgestattet im Stil der Nachkriegsmoderne.

In Wien bietet die Etagerie Apartments im Chic der Nachkriegsmoderne.

Die Grätzlhotels verwandelten leere Ladenlokale in Hotelsuiten: zu Gast bei der Lampenschirm-macherin (oben) oder der Knopfmacherin (unten).

In den Wiener Grätzl-hotels übernachten Sie im »Grätzl«, also im Stadtviertel, zum Beispiel bei der Plattenhändlerin (oben) und am Meidlinger Markt (unten).

Urlaub im verstreuten Hotel

Machen Sie Urlaub, wo früher Menschen wohnten – aus italienischen Dörfern zogen viele in die Großstädte und hinterließen leer stehende Häuser. Die erwachen mit den »verstreuten Hotels« wieder zum Leben: Die Betten verteilen sich wie die einst leeren Häuser über das ganze Dorf. Ein Haus wird zur Rezeption.

Mehr als achtzig verstreute Hotels in Italien haben sich zusammengeschlossen (www.alberghidiffusi.it). In ihren Ortszentren darf nicht neu gebaut werden, um den Charme der historischen Häuser zu erhalten.

In Deutschland entsteht vielleicht ein erstes verstreutes Hotel im fränkischen Mainbernheim. Dort will man leer stehende Räume in der Altstadt als Hotel betreiben, darunter zwei Türme der Stadtmauer. Im Pulverturm lagerten früher Waffen und Schießpulver; heute steht er leer. Was für ein Symbol: Wo man früher auf Feinde schoss, heißt man zukünftig Gäste willkommen.

Das fränkische Mainbernheim plant ein verstreutes Hotel unter anderem im Weidenturm, dem gelben Turm, den man im Bild hinter der Stadtmauer sieht.

Service

Häufige Fragen

Muss ich ein schlechtes Gewissen haben, wenn ich mich von geliebten Sachen nicht trennen kann?
Zögern ist menschlich, darum beginnen Sie mit einer Trennung auf Zeit (Raumwunder 1 und 16).

Soll mir verboten werden, in meinem großen Haus zu wohnen?
Jeder soll selbst entscheiden – aber machen Zimmer glücklich, die Sie nicht mehr nutzen? Trennen Sie Räume ab (Raumwunder 20), holen Menschen dazu (Raumwunder 24, 25, 28, 29, 31, 34) oder ziehen Sie um (Raumwunder 43 und 44).

Wo ist in einer kleineren Wohnung Platz für die Kinder, wenn die zu Besuch kommen?
Kleinen Kindern reicht eine Matratze (und sie finden das aufregend). Große »Kinder« schlafen bei Nachbarn oder im Hotel und kommen morgens mit frischen Brötchen vorbei.

Soll ich mich um meinen rüpelhaften Nachbarn kümmern?
Meiden Sie unfreundliche Menschen, aber seien Sie selbst freundlich und laden Sie den Nachbarn zur nächsten Feier ein – vielleicht wird es überraschend nett.

Was geht es mich an, wenn in unserem Ort Häuser leer stehen?
Erst sind es ein paar Häuser, dann die ganze Straße, und falls Ihnen selbst das egal ist, achten Sie vielleicht aufs Geld: Auch der Wert Ihres Hauses sinkt, wenn der Ort verödet.

Lohnt sich Platzsparen für die Umwelt?
Mit einer Schublade fängt es an, aber mit Schrank und Schuppen geht es weiter und irgendwann wird ein Neubau-Stadtviertel überflüssig: So bleibt die Wiese grün. Vor allem aber befreien Sie sich selbst vom Überfluss. Ihre gute Laune ist auch für Ihre Umwelt gut.

Entrümpeln - was kommt wohin?

In jeder Stadt kann man woanders Sachen loswerden, trotzdem hier einige allgemeine Tipps. Informationen zu Sammelstellen in über zweihundert Städten findet man auf www.wohindamit.org.

Verkaufen
Kleinanzeigen in der Tageszeitung oder bei Ebay, Flohmärkte, Zettel im Supermarkt.

Tauschen
Tauschtische, Tauschbörsen, Tauschfeiern.

Verschenken
Überall, wo man verkaufen kann. Außerdem: Verschenkemärkte und -läden, soziale Kaufhäuser oder einfach vor die Tür stellen (wenn es nicht regnet; Nichtmitgenommenes wieder reinholen).

Kleidung
Erkundigen Sie sich nach Kleiderkammern und -läden bei gemeinnützigen Trägern wie Caritas oder Deutsches Rotes Kreuz, denn unseriöse Altkleidersammlungen täuschen Wohltätigkeit nur vor; außerdem werden alte Sachen teilweise geschreddert und als Rohstoff benutzt. Onlinebörse bei www.kleiderkreisel.de.

Bücher
Verkauf an Antiquariate, Spenden an Stadtbibliotheken und gemeinnützige Verbände (etwa Naturschutzbund NABU oder Tierschutzverbände; alle Stellen bitte erst klären). Online auf Portalen wie www.booklooker.de.

Verschrotten
Manche Dinge will niemand haben, nicht einmal geschenkt – egal, wie viel die Ihnen selbst bedeutet haben. Weg damit in die Mülltonne (für Sondermüll fragen Sie den lokalen Abfallentsorger).

Nützliche Bücher

Marie Kondo: »Magic Cleaning. Wie richtiges Aufräumen Ihr Leben
  verändert« und »Magic Cleaning 2: Wie Wohnung und Seele
  aufgeräumt bleiben«

Karen Kingston: »Feng Shui gegen das Gerümpel des Alltags«

Jennifer Hudson: »500-mal kompakt«

Christian Eigner: »Kleine Räume – viele Möglichkeiten«

Der Gestalten Verlag: »Raumwunder«

Dale Carnegie: »Sorge Dich nicht – lebe!«

Henning Scherf: »Grau ist bunt. Was im Alter möglich ist«

Katharina Finke: »Loslassen. Wie ich die Welt entdeckte und
  verzichten lernte«

Barbara Nothegger: »Sieben Stock Dorf. Wohnexperimente für eine
  bessere Zukunft«

Nützliche Links

Nachbarschaft & Zusammenwohnen
Wohn- und Hausprojekte
  www.wohnprojekte-portal.de
  Das Wohnprojekte Portal wird betrieben von der Stiftung Trias,
  die auch mit der Interessengemeinschaft Bauernhaus ein
  Sondervermögen aufbaut:
  http://igbauernhaus.de/unsere-themen/stiftung-trias.html

Neu gegründete Hausprojekte-Stiftung in Österreich
www.rasenna.at

Forum Gemeinschaftliches Wohnen mit Projektbörse
http://verein.fgw-ev.de/projektboerse.html

Zusammenwohnen
www.bring-together.de
www.wg-gesucht.de

Gemeinschaftliches Wohnen in Österreich
www.gemeinsamwohnen.at
www.inigbw.org

Wohnprojekte von Menschen mit und ohne Behinderung
www.wohnsinn.org

Wohn- und Hausgemeinschaften mit älteren Menschen
www.gold-wg.com
www.pluswgs.de (mit Seiten zu Senioren-WGs, Alten-WGs, Mehrgenerationenhäusern und »Wohnen für Hilfe«)
www.wohnform50plus.ch
www.forum-fuer-senioren.de/wohnforum.mv?-portal+wohnprojekte

Überblick zu Wohnformen im Alter, von Senioren-WG bis Pflegekraft zu Hause
www.serviceportal-zuhause-im-alter.de
www.pflege.de

Netzwerk gemeinwohlorientierter »Immovielien«
www.netzwerk-immovielien.de

Mietshäuser Syndikat
www.syndikat.org

Habitat Österreich
http://habitat.servus.at

Wächterhäuser Leipzig
www.haushalten.org

Kommunen-Netzwerk
www.kommuja.de

Ökodörfer
http://gelebtenachhaltigkeit.org
http://ecovillage.org/projects/

Nachbarschaften

> www.netzwerk-nachbarschaft.net
>
> www.neue-nachbarschaft.de

Übernachtungsgäste und Ferienwohnungstausch

> www.couchsurfing.com
>
> www.fewo-tausch.de
>
> www.haustauschferien.com

Die Mieter von über 400 Wohnungsgenossenschaften können Gäste-
wohnungen in 40 Orten mieten

> www.wohnungsbaugenossenschaften.de/gaestewohnungen/

Überblick zu Coworking

> www.coworking.de
>
> www.coworking-news.de

Wohnen für Hilfe

Deutschland

Liste der Orte mit Links und Kontaktadressen:
www.wohnenfuerhilfe.info

Aachen	Bad Homburg und Hochtaunuskreis
Bamberg	Bonn
Bremen	Deggendorf und Pfarrkirchen
Düsseldorf	Erlangen
Frankfurt am Main	Freiburg
Freising	Friedrichshafen
Gauting	Göttingen
Hannover	Karlsruhe
Kassel	Kiel
Koblenz	Köln
Konstanz	Lk. Landsberg a. Lech
Marburg	München
Münster	Oldenburg
Osnabrück	Paderborn
Rostock	Stuttgart
Tübingen	Witzenhausen
Wuppertal	Würzburg

Österreich

Graz (Wohnen für Hilfe)

Innsbruck (Diakonischer Verein)

Kärnten (Land Kärnten)

Wien (WGE! Gemeinsam wohnen)

Schweiz

Liste der Orte mit Links bei Homeshare International:
http://homeshare.org/programmes-worldwide/switzerland/

Basel (Verein für Studentisches Wohnen, Verein 55+, Basel und
  Umlandgemeinden)

Bern (StudentInnenschaft Uni Bern, Stadt Bern)

Fribourg (Rotes Kreuz)

Genf / Genève (Université de Genève »1h par m2«)

St. Gallen (Benevol St. Gallen, Universität, Fachhochschule, Pädago-
  gische Hochschule)

Westschweiz (Genf, Fribourg, Vaud, Rolle …) (»Ensemble avec toit«)

Zürich (Pro Senectute)

Wohnen für Hilfe im Seniorenheim

Freiburg: Albert-Ria-Schneider-Haus, Erlenhof (mit Studenten-WG),
  Haus Gottestreue (Kontakt zu allen über Studierendenwerk
  Freiburg)

GDA Wohnstift Göttingen (Kontakt über Studentenwerk Göttingen)

Eilenriedestift Hannover

Haus am Steinhübel Saarbrücken (Kontakt über Studentenwerk
  Saarbrücken)

Wohnungstausch

Online in gut zwei Dutzend Städten in Deutschland
  www.homeswopping.de
  www.tauschwohnung.com

46 Wohnungsgenossenschaften, die Tausch erleichtern
  www.wohnungsbaugenossenschaften.de/genossen-
  schaften/mobile-mitgliedschaft/

Für Mieter in Wien
  http://www.wienerwohnen.at/mieterin/tauschwechsel/woh-
  nungstausch.html

LEG Immobilien: siehe Raumwunder 44

Umzugsprämien für Mieter, die sich verkleinern

Berliner landeseigene Wohnungsgesellschaften (Degewo, Gesobau, Gewobag, Howoge, Stadt und Land, WBM) mit 300.000 Wohnungen: Mieter mit geringem Einkommen erhalten auf Antrag einzeln 1.500 Euro sowie ab drei umziehenden Personen bis zu 2.500 Euro, wenn die neue Wohnung mindestens zehn Prozent kleiner ist als die vorherige. Die neue Warmmiete einer im Wesentlichen vergleichbaren Wohnung liegt für alle Mieter unter der vorherigen.
www.inberlinwohnen.de

Erbbauverein Köln: bis zu 1.500 Euro.

Gewoba Potsdam: Zuschuss zu den Umzugskosten 100 Euro je Quadratmeter verkleinerter Wohnfläche, insgesamt bis zu 3.000 Euro; bei Paaren zählt die Gesamtfläche. Neue Wohnung zehn Prozent unter dem Mietspiegel.

Bei weiteren Wohnungsgesellschaften und Kommunen, zum Beispiel in Denzingen, Frankfurt am Main und Lörrach – fragen Sie Ihre Vermieter!

Wohn- und Mobilitätskostenrechner

Womo-Rechner (Wohn-und-Mobilitätskosten-Rechner) zum Vergleich der Kosten verschiedener Wohn- und Arbeitsorte

Hamburg, www.womo-rechner.de

München, http://womo.mvv-muenchen.de

Oberbayern, http://bayern.wowohnen.eu/

Salzburg, http://www.moreco.at/haushaltsrechner/

Tirol, www.wowohnen.eu

Vorarlberg, www.zeiner.at/mobility/

Reine Mobilitätskostenrechner zum Vergleich verschiedener Orte

Österreich, http://www.mobilitaetsausweis.at/website/Vorlagen/Module.html

Mobilitätsrechner zu Kosten und Umweltbelastung von Wohn- und Arbeitsorten

Oberösterreich, www.ooe-mobilitaetsrechner.at

Platz schaffen schmeckt lecker!

Wie lang könnten Sie von den Lebensmitteln in Ihren Schränken leben? Eine Woche oder sogar einen Monat? Machen Sie eine Einkaufspause, brauchen Sie die Vorräte auf und entrümpeln Sie die Speisekammer! Reste raus und prüfen, was noch gut ist. Vorsicht vor Gewürzen, sie können schimmeln – nach Ablauf der Mindesthaltbarkeit oder nach ein, zwei Jahren wegwerfen. Ansonsten gilt Omas Hausregel: Schauen, riechen, schmecken.

Laden Sie die Nachbarn ein und kochen Sie mit Resten, aber nennen Sie es nicht Resteessen, sondern finden Sie einen feinen Namen, zum Beispiel: Alles in die Pfanne und es heißt *Paella*. Alle Reste in den Topf: Willkommen zur *Soljanka*!

Mehr Namen für Resteessen: Auflauf, Lasagne, Gratin; Suppe: Eintopf, Soljanka, Stew, Minestrone, Ratatouille. Als Nachspeise nehmen Sie endlich das Puddingpulver aus dem Schrank, dazu Obst aus Gläsern, Dosen und dem Tiefkühlfach.

Rezeptideen für Reste finden Sie auf www.chefkoch.de, www.restegourmet.de und bei www.zugutfuerdietonne.de.

Für den Abschluss Ihrer Resteparty finden Sie Ideen auf www.cocktaildatenbank.de: aus Alkoholresten Cocktails zaubern. Prost!

Dank

Viele Menschen haben bei der Arbeit an diesem Ratgeber geholfen und Fakten oder Ideen beigetragen, Ihnen allen herzlichen Dank! Besonderer Dank geht an: Ulrich Böll von den Caritas-Konferenzen Deutschlands, Andrea Graf von www.pflege.de, Nicole Krauße von »Wohnen für Hilfe« beim Studierendenwerk Freiburg, Rolf Novy-Huy von der Stiftung Trias und Henrik Vervoorts als Experte für Tiny Houses.

Vielen Dank den Erstleserinnen und Erstlesern des Manuskripts: Judith Blank, Leo Fuhrhop, Luise Fuhrhop, Nanna Fuhrhop sowie Inga Isele.

Dank gilt dem tollen Team vom oekom verlag!

Und nicht zuletzt folgender Dank:

Meiner Mutter Inga, die für unsere glückliche Kindheit sorgte, obwohl wir auf unter zehn Quadratmetern pro Person wohnten.

Meinen Kindern Leo und Luise, die deutlich mehr Raum zur Verfügung hatten als ich in ihrem Alter, die aber jeden Tag aufs Neue bewiesen, dass es darauf nicht ankommt.

Meiner Frau Nanna, durch die ich vom Behalter zum Wegschmeißer geworden bin und die mich mit ihrer Begeisterung für Entrümpeln und Kompaktmöbel ansteckte.

Bildnachweis

© Daniel Fuhrhop: S. 8/9, 13, 15, 20 unten, 22, 24, 26, 36, 39, 42, 45, 51 unten, 62, 70–73, 80–82, 84, 85 links, 95, 97, 113

S. 4 oben Uwe Scholz, Hamburg, S. 4 Mitte Adobe Stock Wave-breakmediaMicro, S. 4 unten Archiv Kommune Niederkaufungen, S. 5 oben Adobe Stock hydebrink, S. 5 Mitte grätzlhotel/Ingo Karnicnik, S. 5 unten Fotolia ungermedien, S. 6 Katharina Jäger/Medienagentur Hallenberger, Tischlerei Bock, S. 10 de Bijenkorf, S. 11 Fotolia ungermedien, S. 14 Adobe Stock by-studio, S. 16 Fotolia arborpulchr, S. 17 Shutterstock Coprid, S. 18 kolor/avocadostore.de, S. 20 oben confern Möbeltransportbetriebe GmbH, S. 23 Pixabay, S. 25 Modellbaukasten der Berliner Wohnbera-tungsstelle, 1960er-Jahre, Foto: Armin Herrmann, Werkbundar-chiv – Museum der Dinge Berlin, S. 27 Bulthaup GmbH & Co. KG, S. 28 oben Atelier OPA, S. 28 unten Fusiontables, S. 29/30 Espace Loggia, S. 32 Uwe Scholz, Hamburg, S. 33 PKMN architectures/Photography Javier de Paz García, S. 34/35 Uwe Scholz, Hamburg, S. 37 oben i Live Holding GmbH, S. 37 unten Philipp Obkircher, S. 40 Katharina Jäger/Medienagentur Hallenberger, Tischlerei Bock, S. 43 Uwe Scholz, Hamburg, S. 47 www.borenconstruction.com, S. 48 Amaryllis eG, Bonn, S. 49 fotolia Photographee.eu, S. 51 oben Fotolia lulu, S. 52 Fotolia Bojan, S. 54 Fotolia Gina Sanders, S. 56 Karin Demming, bring-together.de, S. 57 Gundlach Bau und Immobilien GmbH & Co. KG, S. 59 Adobe Stock Robert Kneschke, S. 60/61 WeWork, S. 63 iStock TasfotoNL, S. 64/65 ANNALINDE Leipzig, S. 67 Bremer Heimstiftung, S. 69 Archiv Kommune Niederkaufungen, S. 75 83 integriert e. V., S. 76 Bundes-verband Möbelspedition und Logistik (AMÖ) e. V., S. 77 stocksy Giorgio Magini, S. 79 Spacious, S. 83 wikipedia, Roland zh, S. 85 rechts Peter Knapp, S. 86 links nonconform, S. 86 rechts Sabine Koestler, S. 87 nonconform, S. 89 oben HausHalten e. V., S. 89 Mitte links Fotolia hanohiki, S. 89 unten rechts Tom Bayer, S. 89 unten links Nikolai Spies/Wuppertaler Quartierentwicklungs GmbH, S. 91 Fotolia koldunova_anna, S. 92 Christian Grube/Gemeinde

Hiddenhausen, S. 93 Stadt Büren, S. 96 Turit Fröbe, S. 99 Agentur perlenmädchen (Idee und Layout, www.perlen-agentur.de)/Inkom Neuruppin GmbH, S. 100 Kling, S. 101 Fotolia dresden, S. 102 oben links iStock fotografixx, S. 102 oben rechts iStock Ababsolutum, S. 102 unten iStock TasfotoNL, S. 103 iStock linephoto, S. 104 Grandhotel Cosmopolis/Wolfgang Reiserer, S. 105 Grandhotel Cosmopolis/Ramona Gastl, S. 106 oben Grandhotel Cosmopolis/Frauke Wichmann, S. 106 unten grätzlhotel/Monika Nguyen, S. 107 grätzlhotel/Heidrun Henke, S. 108 oben grätzlhotel/Monika Nguyen, S. 108 unten grätzlhotel/Ingo Karnicnik, S. 109 Stadt Mainbernheim, S. 110 Fotolia marcinmaslowski, S. 111 Fotolia 2017 Michael O'Keene, S. 112 oben iStock lechatnoir, S. 112 unten Adobe Stock Heiner Witthake, S. 114 oben shutterstock Monkey Business Images, S. 114 unten Adobe Stock Alinsa, S. 115 Adobe Stock Firma V, S. 116 shutterstock Alexander Raths, S. 117 oben Adobe Stock flashpics, S. 117 unten Adobe Stock Robert Kneschke, S. 118 oben shutterstock Andrew Pustiakin, S. 118 unten shutterstock smspsy

Der Autor

Daniel Fuhrhop gelangte als Leiter eines Architekturverlags zu der Einsicht, dass wir nicht mehr neu bauen sollten. Geboren 1967 in Paris, aufgewachsen in Wuppertal, studierte er in Berlin Architektur und wechselte nach dem Vordiplom zur Betriebswirtschaft. Nach dem Abschluss als Diplom-Kaufmann gründete er 1998 den Stadtwandel Verlag und publizierte mit diesem Architekturführer in Millionenauflage. Auch aufgrund wachsender Zweifel am Sinn des Neubaus verkaufte er 2013 den Verlag. 2015 erschien sein Buch »Verbietet das Bauen! Eine Streitschrift« (oekom verlag); er betreibt den Blog www.verbietet-das-bauen.de. 2016 folgte das Buch »Willkommensstadt. Wo Flüchtlinge wohnen und Städte lebendig werden« (oekom verlag).

Mit einer Geschichte zum »Willkommensdorf« errang Daniel Fuhrhop 2016 den 1. Platz beim IREBS-Ideenpreis »Immobilien für eine alternde Gesellschaft«.

Mit dem Text »65 Quadratmeter für zwei, zehn und zweihundert Menschen« gewann Fuhrhop 2017 beim Wettbewerb »Berlin plant immer noch«, ausgeschrieben vom Museum der Dinge Berlin im Rahmen der Ausstellung »gern modern? Wohnkonzepte für Berlin nach 1945«.

Nachhaltigkeit bei oekom: Wir unternehmen was!

Die Publikationen des oekom verlags ermutigen zu nachhaltigerem Handeln – glaubwürdig und konsequent. Auch als Unternehmen sind wir Vorreiter: Ein umweltbewusster Büroalltag sowie umweltschonende Geschäftsreisen sind für uns ebenso selbstverständlich wie eine nachhaltige Ausstattung und Produktion unserer Publikationen.

Für den Druck unserer Bücher und Zeitschriften verwenden wir fast ausschließlich Recyclingpapiere, überwiegend mit dem Blauen Engel zertifiziert, und drucken wann immer möglich mineralölfrei und lösungsmittelreduziert. Unsere Druckereien und Dienstleister wählen wir im Hinblick auf ihr Umweltmanagement und möglichst kurze Transportwege aus. Dadurch liegen unsere CO_2-Emissionen um 25 Prozent unter denen vergleichbar großer Verlage. Unvermeidbare Emissionen kompensieren wir zudem durch Investitionen in ein Gold-Standard-Projekt zum Schutz des Klimas und zur Förderung der Artenvielfalt.

Als Ideengeber beteiligt sich oekom an zahlreichen Projekten, um in der Branche und darüber hinaus einen hohen ökologischen Standard zu verankern. Über unser Nachhaltigkeitsengagement berichten wir ausführlich im Deutschen Nachhaltigkeitskodex (www.deutscher-nachhaltigkeitskodex.de).

Schritt für Schritt folgen wir so den Ideen unserer Publikationen – für eine nachhaltigere Zukunft.

Jacob Radloff
Verleger

Dr. Christoph Hirsch
Leitung Buch

Mikroplastik, nein danke!

Nadine Schubert

Noch besser leben ohne Plastik

oekom verlag, München
112 Seiten, Broschur,
13,– Euro
ISBN: 978-3-96006-015-4
Erscheinungstermin:
04.09.2017
Auch als E-Book erhältlich

»Auf Plastik verzichten ist nicht nur gut für die Umwelt,
es ist vor allem auch befreiend!«

Nadine Schubert

Sie kaufen möglichst verpackungsfrei und meiden Plastiktüten? Super! Doch nicht immer ist
Plastik auf den ersten Blick sichtbar, z.B. in Form von Mikroplastik. Wo es enthalten ist und was
Sie dagegen tun können, zeigt Nadine Schubert – und präsentiert viele weitere neue Ideen für
ein plastikfreies Leben.

oekom.de   DIE GUTEN SEITEN DER ZUKUNFT

oekom

Höchste Zeit auszusteigen!

autofrei leben! e. V.

Besser leben ohne Auto

oekom verlag, München
128 Seiten, Broschur,
vierfarbig, mit zahlreichen
Abbildungen, 14,– Euro
ISBN: 978-3-96238-017-5
Erscheinungstermin:
19.03.2018
Auch als E-Book erhältlich

»Ein Leben ohne Auto wirkt nicht nur befreiend, es macht auch glücklich!«

Heiko Bruns von autofrei leben!

Eines ist klar: Dem Auto geht es an den Kragen! Dieser Ratgeber zeigt, wie Sie ohne Auto clever und entspannt unterwegs sind. Dank Diensträdern wird die Parkplatzsuche obsolet, Lastenräder sind wahre Transportwunder, und Apps navigieren uns problemlos durch jede Stadt.

oekom.de DIE GUTEN SEITEN DER ZUKUNFT

/// oekom

Die Stadt ist schon gebaut

Daniel Fuhrhop
Verbietet das Bauen!
Eine Streitschrift

oekom verlag, München
192 Seiten, Hardcover,
17,95 Euro
ISBN: 978-3-86581-733-4
Erscheinungstermin:
24.08.2015
Auch als E-Book erhältlich

»Ein (...) radikales, mutiges Buch, dessen Anliegen breite Aufmerksamkeit (...) verdient.«

Hans Holzinger, pro ZUKUNFT

Das Neue hat Konjunktur, auch in der Baubranche. Doch Neubau versiegelt wertvolle Flächen, der Rohstoffverbrauch wiegt schwer – und Umbauen und Sanieren sind echte Alternativen! Fuhrhop bietet im vorliegenden Buch eine Fülle von Ideen, um Altbauten zu erhalten.

oekom.de   DIE GUTEN SEITEN DER ZUKUNFT

/III oekom

Hallo Nachbar, wie geht's?

Daniel Fuhrhop

Willkommensstadt
Wo Flüchtlinge wohnen und Städte lebendig werden

oekom verlag, München
224 Seiten, Hardcover,
17,95 Euro
ISBN: 978-3-86581-812-6
Erscheinungstermin:
22.08.2016
Auch als E-Book erhältlich

»Seine Vision einer Willkommensstadt klingt zwar mitunter arg nach heile Welt, aber das Buch ist erfrischend gegen den politischen Mainstream verfasst und liefert wichtige Impulse.« MieterMagazin, Birgit Leiß

Deutschland entwickelt sich zum Einwanderungsland. Müssen wir jetzt schnell und billig bauen? Nein, denn es stehen genug Gebäude leer. Daniel Fuhrhop präsentiert Wohnkonzepte und Ideen für die Stadt von morgen und gelungene Integration.

oekom.de   DIE GUTEN SEITEN DER ZUKUNFT